Freiarbeit
mit Religionsunterricht praktisch

Materialien
für das 5. und 6. Schuljahr
Band 2

Herausgegeben
von Ilka Kirchhoff

Erarbeitet von
Marlies Funke, Sr. Ulrike Scheiter, Ilka Kirchhoff und Magdalene Pusch

Unter Mitarbeit von Heide-Marie Koch

Bilder und Grafik von Sibylle Hassels

Vandenhoeck & Ruprecht

Bibliografische Information der Deutschen Bibliothek

Die Deutsche Bibliothek verzeichnet diese Publikation in der Deutschen Nationalbibliografie;
detaillierte bibliografische Daten sind im Internet über <http://dnb.ddb.de> abrufbar.

ISBN 3-525-61580-9

Satz: Weckner Fotosatz GmbH I media+print, Göttingen
Druck und Bindung: Hubert & Co., Göttingen

Gedruckt auf alterungsbeständigem Papier.

Inhalt

Literatur- und Quellenangaben

Bibeltexte aus der Lutherbibel, revidierter Text 1984, durchgesehene Ausgabe in neuer Rechtschreibung, © 1999 Deutsche Bibelgesellschaft, Stuttgart:

S. 27	2 Sam 7,8–16
S. 29	Psalm 101
S. 35	Psalm 122
S. 68	Mk 11,1–11
S. 71	Joh 13,1–17
S. 73	Mk 14,12–25
S. 75	Mk 14,32–42
S. 77	Mk 14,26–31
S. 77	Mk 14,66–72
S. 80	Mk 15,1–6
S. 81	Mk 15,6–20
S. 82f.	Mk 15,20–42
S. 83	Mk 15,42–47
S. 85	Mk 16,1–8
S. 88ff.	Lk 24,13–35
S. 141	Psalm 22, 2–8.10–22

S. 137 — Ulrich Stuhlmann, Zum Nachdenken. Aus: Gottesklang, Kirchentag 1999, Regionalbüro der Evangelischen Landeskirche in Württemberg, Kreuz Verlag 1999

S. 140 — © Sieger Köder, Ijob

S. 148, 154 — © Mariele Sunderdiek

S. 157 — © Thomas Hirsch-Hüffell

S. 157 — Karl Hemmeter, Der Lauscher. Aus: Kreuzkirche Hanau (Kanzelrelief)

S. 162 — Warum kann ich dich nicht sehen? – aus: H. Halbfas, Religionsbuch für das 1. Schuljahr, Benziger/Patmos, Düsseldorf 1999

S. 163 — Aus: Michael Ende, MOMO © 1973 by Thienemann Verlag (Thienemann Verlag GmbH), Stuttgart/Wien

S. 169f. — Der blinde Bartimäus – Nach: Franz Kett, Kinder erleben Gottesdienst, Liturgische Feiern – Wortgottesdienste – Eucharistiefeiern © Don Bosco Verlag, München, 1978

S. 172 — Nr. 99 „Mach dass wir sehen", Holzschnitt von Sr. M. Sigmunda May OSF, © Kloster Sießen

S. 173 — Nr. 111 „Talita kum", Holzschnitt von Sr. M. Sigmunda May OSF, © Kloster Sießen

S. 173 — Nr. 65 „Die gekrümmte Frau", Holzschnitt von Sr. M. Sigmunda May OSF, © Kloster Sießen

Einführung

1. Freie Arbeit – ernst genommen

Es hat sich inzwischen herumgesprochen: Freiarbeit funktioniert auch bei den „Großen". Der Religionsunterricht in der Sekundarstufe I soll dort anschließen, wo die Grundschule bzw. die 5. Klasse Wurzeln gelegt haben: mutig, kompetent und engagiert machen sich die Schülerinnen und Schüler weiterhin selbst auf die Suche, um wahrzunehmen, kennen zu lernen und sich anzueignen, was für sie zählt und trägt.

Der erste Band von *Freiarbeit mit Religionsunterricht praktisch 5/6* (ISBN 3-525-61407-1) hat Lehrenden wie Lernenden schon vieles gezeigt: Spiele, die Spaß machen und Lernzuwachs ermöglichen (S. 12–19), Regeln und Rituale (S. 10–11) und, für die Unterrichtenden, eine kurze Standortbestimmung zum Thema Freiarbeit/Offener Unterricht.

Horst Klaus Berg hat inzwischen seine Überlegungen zum Freien Lernen zusammengefasst in Gottfried Adam/Rainer Lachmann (Hg.): *Methodisches Kompendium 2, Aufbaukurs,* V&R Göttingen 2002, S. 55–75. Berg geht es darum, dass Freie Arbeit als selbstbestimmtes Lernen in freier Wahl geschieht, denn „Kinder kennen ihren Weg, sie wissen und wählen, was sie zur Entwicklung brauchen" (S. 59). Neben Verabredungen für die Freiarbeit (S. 61) oder Regeln (s.a. *Religionsunterricht praktisch 5/6,* S. 10) nennt Berg Kriterien für geeignetes Freiarbeitsmaterial (in Anlehnung an Maria Montessori, S. 63) und betont die Notwendigkeit der freien Materialienwahl. Er warnt vor Material, das den „Lernenden den Kopf mit unwesentlichem Faktenwissen voll stopft" (S. 66). Freie Arbeit heißt demnach einerseits: Die Lernenden organisieren „ihre Arbeitsprozesse so weit wie irgend möglich in eigener Wahl und Verantwortung … (prozessbezogene Freiarbeit)" (S. 68); andererseits geht es dabei auch um „das Erlernen von Methoden, Erkenntniswegen und Strukturen … (gegenstandsbezogene Freiarbeit)" (S. 69).

Nur in wenigen Schulen der Sekundarstufe I gibt es optimale Voraussetzungen für Freiarbeit: Die Klassen sind fast überall zu klein für Leseecken, Rollen- und Bewegungsspiele, Kreativphasen und Materialschränke. Nach 45 Minuten ertönt das Pausen- bzw. Klassenwechselzeichen. Deshalb haben wir unsere Vorschläge so bedacht, dass wir den „normalen" Bedingungen entsprechen.

Die Vorschläge beziehen sich auf die Themen der Rahmenrichtlinien der verschiedenen Bundesländer. In Anlehnung an die Bildungsplanreform 2004 des Landes Baden-Württemberg formulieren wir für alle Kapitel „Kompetenzen", d.h. zeigen auf, welche Fähigkeiten erworben werden sollen. Das betrifft nicht nur kognitive Lernzuwächse (Wissen, Verstehen) sondern auch Bereiche wie Wahrnehmen, Gestalten, verantwortliches Handeln und übergreifende Kompetenzen (z.B. soziale, ästhetische, methodische, kommunikative).

Wichtig ist uns eine Strukturierung der Freiarbeit in Phasen. Das wird auf den *Orientierungsseiten* deutlich: Da gibt es jeweils eine Hinführung zum Thema, d.h. eine Motivationsphase, die Vorwissen abklärt, aber auch Defizite aufarbeitet. Dann folgt die Erarbeitungs- und Vertiefungsphase, die eigentliche Freiarbeitsphase, in der die Sch ihr Material selbst wählen, neues Material hinzufügen können, Experten befragen, auswählen und verschriften. Die letzte Phase ist für alle eine Herausforderung: Wie können die gefundenen Ergebnisse allen angemessen zur Verfügung gestellt werden? Wer hat (abgesehen von der Lerngruppe) ein Interesse an den Resultaten?

Im *Materialteil* finden sich die Begriffe *Infokarten* (Texte und Bilder als Arbeitsvorlagen) und *Aktionskarten* (Aufgaben, Impulse, Anregungen). Sie können beliebig erweitert werden. Gerade die Aktionskarten fordern dazu auf, noch mehr Kreatives zu bedenken, Rollenspiel, Zeichnen, Musizieren.

Aus *Freiarbeit mit Religionsunterricht praktisch 5/6* werden einige Basiskarten wieder abgedruckt; sie enthalten Anleitungen/Vorlagen für wichtige Spiele; **Basiskarte 1**, die Freiarbeitsregeln, ist neu formuliert. Spielbeschreibungen können auch dem Kapitel „Benni ist Jude – Er lebt nebenan", **M1a–f**, entnommen werden.

2. Zum Lernen an Stationen

Hier geht es um eine Form von Offenem Unterricht, bei dem die Aufgaben räumlich verteilt sind, so dass Sch sich nicht (oder kaum) gegenseitig stören oder behindern. Sie wählen ihren eigenen Lernweg, bestimmen selbst, was sie mit wem wie lange und wie intensiv bearbeiten wollen.

In der Klasse sollte ein *Materialtisch* stehen mit Karteikarten, Schmierpapier, Karton, Stiften, Scheren, Tüchern und den Materialien, die die Sch nicht haben, die sie aber zur Lösung der Aufgaben benötigen. Optimal ist eine Materialkiste (s. *Freiarbeit mit Religionsunterricht praktisch 5/6*, S. 7). Die *Stationen* sollten übersichtlich aufgebaut werden. Sch sollten erkennen können, auf was sie sich einlassen. Die Aufgabenstellung sollte ebenso klar sein wie die Modalitäten: Wo sollen die Sch die Aufgaben lösen? Ist am Stationstisch genug Platz? Müssen die Sch mit Aufgabenkarten und Material an ihre normalen Arbeitstische gehen?

Es hat sich als sinnvoll erwiesen, das Material und die Aufgabenkarten in dem Umfang bereitzustellen, dass alle Sch der Lerngruppe jede Station bearbeiten könnten – auch wenn das im Normalfall nicht passiert. Fehlendes Material demotiviert, das Interesse lässt sofort nach.

Je interessanter die *Aufgaben und Materialien* sind, desto intensiver wird die Arbeit: Schülergerechte Inhalte, spannende Tätigkeiten, spielerische Erarbeitungen werden lieber angenommen als lange Texte. Aber auch Texte können spannend sein, wenn sie Aufforderungscharakter haben, mitreißen, zum Fantasieren anregen.

Die Freiarbeitsregeln sollten eingehalten werden: kein Rennen, lautes Sprechen, neue Aufgaben sollen erst dann angefangen werden, wenn die alte fertig ist (s.a. **Basiskarte 1**, S. 8. Ein Beispiel für Regeln befindet sich in *Freiarbeit mit Religionsunterricht praktisch 5/6*, S. 10).

Dann kann es geschehen, dass Sch ihren Möglichkeiten entsprechend lernen, ohne dass L groß eingreifen muss. Differenzierungsmaßnahmen sind im System eingebaut und werden gern genutzt. Stationenlernen berücksichtigt unterschiedliche Lerntypen und ermöglicht ihnen eine Auswahl an Lernzugängen. Aber auch hier gilt, dass zum Schluss eine gute Rückmelde- oder Darstellungsphase stehen muss. Die Sch sollen erfahren, dass ihre Arbeit gewürdigt und beachtet (natürlich auch bewertet) wird.

3. Projektunterricht oder Projektarbeit

Wir haben uns in diesem Heft verstärkt bemüht, auf die Möglichkeiten *fächerübergreifenden Lernens* hinzuweisen. Wir denken aber auch, dass Lernen optimiert werden kann und muss durch stark erweiterte *Schülerzentrierung*. Davon ausgehend sollten folgende Elemente in den Blick genommen werden: Teamarbeit, Handlungsorientierung, Öffentlichkeitsarbeit, Ganzheitlichkeit, Fächerübergreifendes Lernen, Wissenschaftsorientierung und zeitliche und räumliche Organisation (vgl. Dalhoff, S. 5). Andere Autoren (z.B. Gudjons) nennen zehn Merkmale für den Projektunterricht: Situationsbezug – Orientierung an den Interessen der Beteiligten – Selbstorganisation und Selbstverantwortung – gesellschaftliche Praxisrelevanz – zielgerichtete Planung – Produktorientierung – Einbeziehen vieler/aller Sinne – soziales Lernen – Interdisziplinarität – Bezug zum Lehrgang (z.B. Stoffverteilungsplan der Schule, Absprachen über Inhalte, Grenzen des Projekts). Die Sch sollen wahrnehmen und erleben, wissen und verstehen, erklären, deuten und handeln. Das Handeln kann in einer wie auch immer gestalteten Veröffentlichung bestehen. Für die Sch aber viel motivierender sind Handlungsphasen, die produktorientiert sind: Das Erstellen eines Buches, die Lösung eines Problems.

Fächerübergreifendes Arbeiten gehört zum Projektunterricht. So kann z.B. das Thema *Brot* in fast allen Schulfächern der Sekundarschulen I Thema sein – im Religionsunterricht etwa beim Abendmahl, den Brot-Worten Jesu (Joh 6,35: Jesus aber sprach zu ihnen: Ich bin das Brot des Lebens. Wer zu mir kommt, den wird nicht hungern; und wer an mich glaubt, den wird nimmermehr dürsten. u.a.) oder die landeskundliche Bedeutung von Brot (Zeit und Umwelt Jesu). Denkbar sind Projekte zur *Bewahrung der Schöpfung*, zum *Judentum* oder auch zu *Krieg und Frieden* (König David!).

Kann man dabei über die Grenzen der Schule hinausgehen, die Schule aber auch für außerschulische Institutionen öffnen? *Außerschulische Lernorte* gehören seit Jahren zum Methodenrepertoire der Unterrichtenden. Öffentlichkeitsarbeit kann das Umfeld auf schulische Aktionen aufmerksam machen. Wettbewerbe sind für die Sch ein Ansporn, aber sie machen auch die Schule bekannt und bewirken Anerkennung. Eine solide Planung ist zu empfehlen, Absprachen mit allen Beteiligten sind sinnvoll, Begrenzungen sind nötig. Selbst der spannendste Projektunterricht verliert an Spannung, wenn er sich über Monate hinzieht!

4. Aus dem Methodenrepertoire: Kreatives Schreiben

Haiku

Das Elfchen kennen Sie u.a. aus *Freiarbeit mit Religionsunterricht praktisch 5/6*. Hier ist eine etwas kompliziertere, aber auch schülergerechte Gedichtform. Das Haiku, ein ursprünglich japanisches Frühlingsgedicht, hat drei Zeilen mit insgesamt 17 Silben.

Die erste und dritte Zeile haben fünf Silben, die zweite sieben.

> Beten tut mir gut.
> Gott ist bei mir, wo ich bin
> und hört mir jetzt zu.

Rondell

Dies ist eine etwas größere Form: Das Rondell besteht aus acht Zeilen. In der zweiten, vierten und siebten Reihe wird die gleiche wichtige Aussage wiederholt. Die erste, dritte, fünfte, sechste und achte erzählen eine Geschichte.

> Wenn ich wach werde,
> danke ich Gott.
> Wenn ich die Sonne spüre,
> danke ich Gott.
> Weil ich Freunde habe,
> die mich gerne haben,
> danke ich Gott.
> Und er hört mich.

Zitierte und empfohlene Literatur

Bauer, Roland (Hg.): Offenes Arbeiten in der Sekundarstufe I. Ein Praxisbuch, Cornelsen Scriptor, Berlin 2003

Ders.: Schülergerechtes Arbeiten in der Sekundarstufe I: Lernen an Stationen, Cornelsen Scriptor, Berlin 1997

Berg, Horst Klaus: Freiarbeit im Religionsunterricht. Konzepte, Modelle, Praxis, Calwer Verlag Stuttgart. Kösel Verlag München, 1997

Ders.: Freiarbeit – Freies Lernen, in: Gottfried Adam/Rainer Lachmann (Hg.): Methodisches Kompendium 2, Aufbaukurs, V&R Göttingen 2002, S. 55–75

Dalhoff, Benno: Projektplanung. Grundlagen des Projektunterrichts, Ernst Klett Verlag Stuttgart 1999

Basiskarte 1

Freiarbeitsregeln

Wir wollen lernen frei und selbstständig zu arbeiten.
Das geht aber nur, wenn wir uns auf ein paar Regeln verständigen können.

1. Eine Arbeit muss erst fertig sein, bevor du mit einer neuen anfängst.

2. Arbeite ruhig, sorgfältig, ordentlich, sauber.

3. Nur wenn du einen guten Grund hast, darfst du durch die Klasse laufen.

4. Störe die anderen nicht.

5. Arbeite selbstständig und frage erst, wenn du nicht mehr weiter kannst.

Braucht ihr noch mehr Regeln? Schreibt sie auf.
Aber denkt daran: Je mehr Regeln man hat, desto mehr vergisst man.

Basiskarte 2

Das Ja-Nein-Spiel
für drei bis sechs (max. zwölf) Mitspielende

Spielanweisung

Man braucht   16 Aussagekarten (▶ **Basiskarte 4a**)
pro Spieler eine Ja-, eine Nein-, eine Joker-Karte (▶ **Basiskarte 4b**)
pro Spieler einen Antwortplan (▶ **siehe unten**)

– Die Aussagekarten werden verdeckt auf dem Tisch ausgelegt.

– Der erste Spieler nimmt eine Karte und liest vor.

– Nun muss er sich entscheiden, ob er dem Satz auf der Karte zustimmt oder nicht.

– Entsprechend legt er verdeckt (!) vor sich seine Ja- oder seine Nein-Karte ab.

– Die Mitspielenden versuchen zu erraten, ob er die Nein- oder die Ja-Karte abgelegt hat.

– Entsprechend ihrer Vermutung legen nun auch sie ihre Ja- oder Nein-Karte ab.

– Wenn alle sich entschieden haben, werden die Karten aufgedeckt.

– Jeder Mitspielende erklärt, wie er zu seiner Entscheidung gekommen ist.

– Wer mit dem befragten Spieler überein stimmt, darf ein Kreuz auf seinem Antwortplan eintragen.

– Reihum liest jeder eine Karte vor, bis keine mehr vorhanden ist.

– Gewonnen hat, wer die meisten Kreuze auf dem Antwortplan hat.

Antwortplan (Kopiervorlage)

Name _____

Punkte _____

Basiskarte 2a

Aussagekarten
(Beispielsätze und Leerkarten zum Kopieren)

Ich bin gern allein.	Ich reise gern.	Ich habe oft schlechte Laune.	Ich hasse die Schule.
Ich habe einen besten Freund.	Ich bin neugierig.	Ich bin schüchtern.	Die meisten Leute finde ich blöd.
Ich bin für Umweltschutz.	Manchmal habe ich Angst vor Morgen.	Ich kann niemandem lange böse sein.	Ich finde, die Politiker sollten nicht so viel reden.

Basiskarte 2b

Ja-, Nein-, Joker-Karten
(Kopiervorlage)

Ja	Ja	Ja	Ja
Nein	Nein	Nein	Nein
Joker	Joker	Joker	Joker
Ja	Ja	Ja	Ja
Nein	Nein	Nein	Nein
Joker	Joker	Joker	Joker

Basiskarte 3

Das Wegespiel

Durchführung

Das Spiel basiert auf der einfachen Würfelspiel-Idee: Spielfiguren werden gemäß der gewürfelten Schrittgröße von einem Start- zu einem Zielpunkt bewegt. Auf der Strecke finden sich Aufgaben-/Ereignis-Felder, auf denen Strafen oder Belohnungen lauern …

Herstellung

Gruppe 1 entwirft Ereignis- oder Aufgaben-Karten.

Beispiel 1: Die Klasse hat das Leben Martin Luthers behandelt. Daraus werden „Ereignisse" formuliert: „Du wirst von einem Gewitter überrascht. Zweimal aussetzen." Oder: „Du entkommst den Häschern des Kaisers. Drei Schritte vorrücken."

Beispiel 2: Die Klasse hat den Islam durchgenommen. Daraus werden Fragen formuliert: „Wie oft muss der gläubige Muslim täglich beten?" – Richtige Antwort: weiter; falsche Antwort: Einmal aussetzen.

Gruppe 2 entwirft den Spielplan.

Beispiel 1: Auf eine große Pappe oder ein Tuch werden Wege, Schritte und Stationen gezeichnet, die dann mit Spielfiguren abgeschritten werden sollen.

Beispiel 2: Der Klassenraum/Schulhof wird als „Parcour" gestaltet; als „Spielfiguren" fungieren die Spieler selbst.

A David – König unter Gott

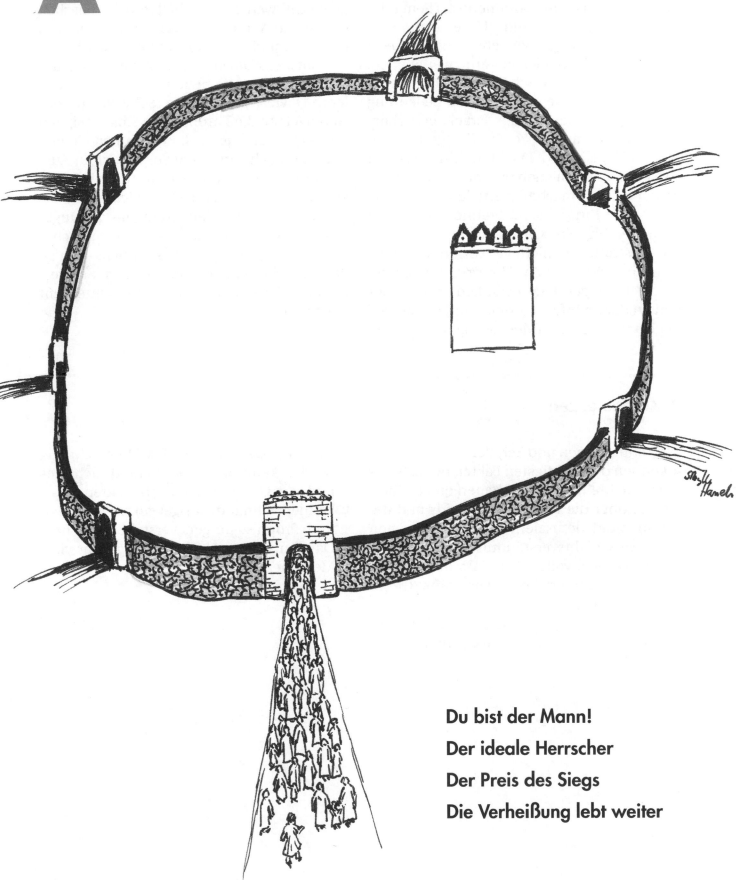

Du bist der Mann!

Der ideale Herrscher

Der Preis des Siegs

Die Verheißung lebt weiter

1. Thematisches Stichwort

König David ist ein prominentes Thema der Rahmenrichtlinien und Unterrichtswerke der Klassenstufe. Dabei geht es in der Regel um Lernen/Kennenlernen auf zwei Ebenen: Zum einen sollen die Sch Orientierungswissen über die politische und religiöse Bedeutung dieses wichtigsten Königs Israels erwerben, zum anderen an der Person des gottgeleiteten und -geliebten David Erfahrungen im zwischenmenschlichen wie menschlich-göttlichen Bereich machen, vertiefen und reflektieren (der Jüngste sein, Freund sein, Rivale sein, erwählt sein, König sein, schuldig werden, gestraft, aber nicht verworfen werden).

Im herkömmlichen Unterricht bedeutet das in der Regel zeitaufwändige Präsentationen, in denen Informationen und inhaltliche Reflexionen mehr oder weniger geschickt gemischt werden. Da bietet die Freiarbeit eine echte Alternative: Die Sch können sich die Informationen (die äußere Geschichte des Aufstiegs Davids, der Konsolidierung des Königtums um die neue Hauptstadt Jerusalem, Davids persönliche Schwächen, das Gerangel um die Thronfolge) selbst aneignen und sich dann – je nach Zeitrahmen – einen oder zwei Schwerpunkte zur vertieften Auseinandersetzung wählen. In dieser Weise könnte die David-Einheit gänzlich freiarbeitlich erarbeitet werden; wem das zu ungewohnt erscheint, der kann – nach dem Schema der anderen Kapitel dieses Buchs – einige der Freiarbeitsvorschläge zu den Schwerpunkten in seinen „normalen" Unterricht einbauen.

2. Kompetenzen

Die Schülerinnen und Schüler
- kennen die wichtigsten Fakten der Lebensgeschichte Davids und haben einen Überblick über die Bedeutung Davids und der Hauptstadt Jerusalem für Israels Religion und Geschichtsverständnis,
- können nachvollziehen, dass der Kleinste bei Gott der Erwählte sein kann (Berufungsgeschichte),
- sind in der Lage, in Davids (Schlachten-)Erfolgen seine Menschlichkeit und Gottestreue zu sehen,
- wissen, dass auch der Erwählte schuldig werden kann, dass aber Schuld nicht das Ende der Gottesbeziehung bedeuten muss,
- können anhand ausgewählter Psalmen und Prophezeiungen verstehen, weshalb David bis heute Hoffnungsträger für viele Menschen ist.

3. Literatur zum Thema

Baldermann, Ingo: Wer hört mein Weinen, Neukirchener Verlag, Neukirchen-Vluyn 1986

Dohmen, Christoph (Hg.): Bibel – Bilder – Lexikon, Verlag Katholisches Bibelwerk, Stuttgart 1995

Donner, Herbert: Geschichte des Volkes Israel und seiner Nachbarn in Grundzügen 1, Vandenhoeck & Ruprecht, Göttingen [2]1995

Freudenberg, Hans und Klaus Goßmann: Sachwissen Religion, Vandenhoeck & Ruprecht, Göttingen [4]1995

Haag, Herbert: Das Land der Bibel. Geographie – Geschichte – Archäologie, Verlag Katholisches Bibelwerk, Stuttgart 2000

Marggraf, Eckhart und Martin Polser (Hg.): Unterrichtsideen Religion, 5.Schuljahr, Calwer, Stuttgart 1996, S.44ff.: David: Ist Gott im Leben dabei? Darf sich ein König alles erlauben?

4. Orientierungsseite

Phase	Inhalte	FA-Elemente	FA-Materialien
Einstieg	Davids Aufstieg und die zentralen Ereignisse seiner Königsherrschaft erschließen	Anhand eines Laufzettels Davids Geschichte rekonstruieren (Partnerarbeit)	**M1** Arbeitsplan und Aktionskarten a–h
Erarbeitung I	Du bist der Mann – Vor Gott trotz Schwäche und Schuld	In Kleingruppen Geschichten „Vom Kleinen"/„Vom Schuldigwerden" nachspielen/ aktualisieren und vorstellen	**M2** Davids Berufung/ Davids Schuld dazu Aktionskarten a und b
Erarbeitung II	Der ideale Herrscher – Ein Beherrschter	Geschichten „Von Davids Königtum" in Gruppenarbeit kreativ bearbeiten	**M3** Regentenspiegel (a) und Königswahl (b) oder Eroberung Jerusalems (c)
Erarbeitung III	Der Preis des Siegs – Auch im Leid bei Gott bleiben	Erfahrungen von Leid schreibend, gestaltend, bewertend nachvollziehen	**M4** Klage (a) Dilemma (b) Psalmverse (c)
Anwendung	Die Verheißung lebt weiter	Über (fremde) Hoffnungsaspekte miteinander ins Gespräch kommen, eigene Hoffnungsbilder entfalten	**M5** Jerusalem (a) Weihnachtshoffnung (b) Hoffnungssammlung (c) Ja-Nein-Spiel (d)

5. Erläuterungen zu den Freiarbeitsvorschlägen

EINSTIEG

Zur Durchführung der gesamten Einheit in Freiarbeit erhalten alle Sch zunächst den Arbeitsplan **M1**, anhand dessen acht Stationen zu **M1** in (Zweier-)Teams bearbeitet werden sollen. Wahlmöglichkeiten bietet in dieser Phase vor allem der Arbeitsplan, gelegentlich stehen auf der jeweiligen Aktionskarte ▶ **M1a–h** Alternativvorschläge zur Auswahl; außerdem sind Reihenfolge und Verweildauer individuell zu gestalten. Am besten werden die Aktionskarten (in ausreichender Menge; je nach Klassenstärke zwei-/dreimal dieselbe) an acht deutlich gekennzeichneten Stationen ausgelegt.

> Die Stationen im Einzelnen
> (möglichst „Plakate" anfertigen!)
>
> a) Der Jüngste ist erwählt! (1 Sam 16,1–13)
> b) Klein, aber oho! (1 Sam 17)
> c) Sehr geliebt und sehr beneidet!
>   (1 Sam 18f.)
> d) Der Preis des Siegs (2 Sam 1)
> e) Das Reich ringsum und Jahwe in der
>   Mitte (2 Sam 5f.)
> f) Leben mit Schuld (2 Sam 11f.)
> g) Auf der Flucht vor dem eigenen Sohn
>   (2 Sam 15–19)
> h) König auf ewig (2 Sam 7)

Eine Sammlung von Bibeln, Kinderbibeln, Nachschlagewerken, aktuellen Zeitungen/Zeitschriften (für **h: König auf ewig**) und vorbereiteten Materialien (nach dem Ermessen von L) ist zentral zugänglich.

ERARBEITUNG

Die Sch kennen – aus Freiarbeit (s.o. Einstieg) oder konventionellem Unterricht – die wichtigsten Geschichten um König David und haben Besonderheiten, die ihn vor anderen auszeichnen, herausgearbeitet (sein Gefühl für Wahrheit und Recht, seine Treue gegenüber Mitmenschen und Gott, sein Vertrauen, seine Fähigkeit, sich selbst in Frage stellen zu lassen).

Jetzt können sie wählen, mit welchem Aspekt sie sich gern gründlicher auseinander setzen wollen (Vollform Freiarbeit), – oder zumindest einen vorgegebenen Schwerpunkt freiarbeitlich erschließen (Freiarbeitselemente).

Für die *Vollform:*
Die Sch bilden vier Arbeitsgruppen und wählen je eine der Stationen **M2** bis **M5**. Hier sollte L koordinierend eingreifen; wenn eine Station doppelt belegt ist, muss eine Gruppe ausweichen.

Aus den dort ausgelegten Aktionskarten wählt die Gruppe (je nach Zeitvorgabe) eine oder zwei aus. Sie wird zur Spezialistengruppe, die daher verpflichtet ist, die Klasse im Anschluss gut und elementar über den Gedankenfortschritt zu informieren. Dazu sind auf den Aktionskarten präzise Vorgaben gemacht.

Für die *Arbeit mit Freiarbeitselementen:*
L wählt einen der Schwerpunkte **M2** bis **M5** und stellt die dort vorgeschlagenen Aktionskarten zur Auswahl für Gruppen-/Partnerarbeit. Achtung: Für manche Aktionen gibt es eine Mindestteilnehmerzahl!

Du bist der Mann – Vor Gott trotz Schwäche und Schuld

Zur Wahl stehen zwei Aufgaben, die unabhängig voneinander gelöst werden können, d.h. zum gleichen Thema sind verschiedene Zugangs- und Bearbeitungsweisen vorgeschlagen. **M2a** erschließt die Texte von Davids Erwählung und Schuld (bereithalten ▶ **M1a** und **M1f**) pantomimisch; **M2b** sucht über eine Abbildung Bezüge zu Verlorenheitserfahrungen der Sch, die in Form eines „Gegenbildes" bearbeitet und an die biblische Verheißung zurückgebunden werden.

Der ideale Herrscher – ein Beherrschter

Die Sch haben, z.B. in ▶ **M1b** und **c** (zusätzlich bereithalten!), bereits darüber nachgedacht, was für ein König dieser David ist. Anhand dreier Zusatztexte werden diese Grundkenntnisse vertieft und erweitert. Vermutlich ist **M3c** die zeitaufwändigste Aufgabe – will man Gruppen parallel arbeiten lassen, müsste die Wahlmöglichkeit lauten: entweder nur **M3c** oder **M3a** *und* **M3b**; denkbar ist auch, dass verschiedene Gruppen alternative Spiele für **M3c** entwickeln (Dann werden entsprechend zwei oder mehr Kopien der Aktionskarte und der Zusatzkarte **M3c** benötigt.)

M3a: Ein Regentenspiegel

Der Psalm 101, der sog. Regentenspiegel, enthält eine Fülle von negativen und positiven Handlungsmustern, die nicht nur für Regierende Geltung haben. Die Sch können diese Listen fortschreiben und aktualisieren. Dabei werden sie entdecken, dass bestimmte Handlungsstrategien, auch negative, ganz aktuell sind.

M3b: König gesucht

Der Text 2 Sam 5,1–5 beleuchtet die andere Seite: Warum/unter welchen Bedingungen erkennt ein Volk einen König an? Wen suchen sie, was erwarten sie vom Amt und vom Amtsinhaber?

David war König von Israel *und* Juda, er wurde zweimal zum König erhoben, zu verschiedenen Zeiten und unter verschiedenen Umständen. Die Trennung Nord – Süd blieb weiter bestehen. Damit war der Zerfall des davidischen Reiches nach seinem bzw. Salomos Ende schon vorprogrammiert.

Für die Sch ist wichtig zu wissen, dass der König David nicht der „King" im roten Samtmantel mit Hermelinbesatz war, sondern ein gottesgläubiger Mensch, ein zuverlässiger kompetenter Heerführer, der bis ins hohe Alter von 70 Jahren regierte.

M3c: Ein guter Plan ist alles!

Dass Mut und ein heller Kopf zum Herrschen gehören, zeigte bereits der sprichwörtliche Kampf Davids gegen Goliat. Strategisches Geschick verbindet David mit anderen großen Herrschern der Geschichte. Die Eroberung von Jerusalem (2 Sam 5,6–9) ist eine Probe seiner Strategiekunst – die Sch dürften Freude daran haben, die ihre daran zu messen.

> Achtung: Für das Wegespiel brauchen die Sch die ▶ **Basiskarte 3**, Pappe und Material für einen Spielplan „Jerusalem" (z.B. das Deckblatt der Einheit!).

Der Preis des Siegs – Auch im Leid bei Gott bleiben

Die Sch haben Davids Trauer um seinen Gegner Saul und dessen Sohn Jonathan sowie um seinen rebellischen Sohn Absalom vor Augen (z. B. aus dem Einstieg; bereithalten: **M1d** und **M1g**); in beiden Fällen starben die Betrauerten im – unrechtmäßigen – Kampf um Davids Thron. Der Zwiespalt Davids lohnt die Vertiefung: Auf der einen Seite stehen Sieg, Recht, Gottes Wille – auf der anderen Davids Ehrfurcht vor dem, den er als Gesalbten Gottes kennen lernte, und seine Liebe zu seinem treuen Freund Jonathan sowie zu seinem Sohn Absalom. Die Sch sollen diesen Konflikt erkennen, Davids Schmerz fühlen und die Bedeutung von Liebe und Freundschaft würdigen (▶ **M4a–b**). Manchmal sind Leiderfahrungen unausweichlich – ein Trost kann es sein, dann klagen zu können und zu erfahren: Man wird gehört. Die Klagen, die David Gott in den ihm zugeschriebenen Psalmen vorträgt, können auch den Sch in ihren Leiderfahrungen „Sprache leihen" (▶ **M4c**).

Die Verheißung lebt weiter

Die Sch wissen, z.B. aus dem Einstieg **M1e** und **M1h** (zusätzlich bereithalten!), was Davids Königtum bedeutet: Hier verwirklicht sich Gottes Friedensreich auf Erden – ein für alle Mal. Angesichts der bis heute unheilen, unfriedlichen, ungerechten Welt haben die David-Überlieferungen Hoffnung stiftende Bedeutung – für Juden (z.B. der Davidstern in der Nationalflagge) wie für Christen, die Jesus als David-Nachkommen verstehen (z.B. in der alljährlichen Weihnachtslesung).

Hoffnungsvisionen der Bibel und der Kinder sollen in den Aufgaben ▶ **M5a–d** miteinander ins Gespräch kommen. **M5a** bezieht sich auf einen David zugeschriebenen Psalm, für **M5b** und **c** benötigen die Sch die ▶ **Infokarte M5** mit den „Weihnachtstexten", überdies für **M5c** möglichst viele Weihnachtskarten (vorher sammeln/sammeln lassen!). In **M5d** wird das Ja-Nein-Spiel variiert; bitte die **Basiskarten 2** (**2a, 2b**) bereit halten und – gemäß den dort gemachten Angaben – Kopien anfertigen!

Übrigens eignet sich die Infokarte **M5** auch gut für ein Unterrichtsgespräch über die Bedeutung Jesu Christi für die Hoffnung der Christen.

Infokarte:
Arbeitsplan

M1

Die Geschichte Davids, des größten Königs Israels und Ahnen Jesu, gleicht einem Märchen.

a. Der Jüngste ist erwählt! Gott will, dass David König wird.
b. Klein, aber oho! David besiegt Goliath.
c. Sehr geliebt und sehr beneidet. David hat Freunde und Feinde.
d. Der Preis des Siegs. David muss leiden.
e. Davids Königtum. David richtet sich nach Gott.
f. Leben mit Schuld. David macht Fehler.
g. Auf der Flucht vor dem eigenen Sohn. David gerät in große Gefahr.
h. König auf ewig. Die Hoffnung auf einen König wie David lebt weiter.

■ Ihr findet diese „Stationen" **a** bis **h** der David-Geschichten hier im Klassenraum.
■ Besucht die Stationen in beliebiger Reihenfolge. Tragt in die Tabelle ein, was euch an der jeweiligen Stationen am wichtigsten/am erzählenswertesten erscheint.
■ Zeichnet Davids Leben als einen Weg mit Höhen und Tiefen.

Station	Was man sich merken/ was man bedenken sollte	Was wir erzählen wollen

Aktionskarte:
Der Jüngste ist erwählt   M1a

In dem Land, das wir heute Israel nennen, lebte ein alter König, Saul. Und da war auch ein Prophet, Samuel, der bekam von Gott den Auftrag, einen Nachfolger für Saul auszusuchen. Und so ging Samuel zu Isai nach Bethlehem, wie Gott es befohlen hatte.

Isai fühlte sich geehrt durch diesen Besuch. Man opferte Gott gemeinsam mit Isais Söhnen. Samuel hatte Zeit genug, sich alle genau anzugucken. Da war der älteste Sohn, Eliab, ein prachtvoller Kerl – der musste es sein. Nein, sagte Gott zu Samuel, der ist es nicht. *Sieh nicht sein Aussehen und seinen hohen Wuchs. Denn Gott sieht nicht auf das, worauf ein Mensch sieht. Ein Mensch sieht, was vor Augen ist; der Herr aber sieht das Herz an.*
    Dann rief Isai seinen zweiten Sohn, den Abinadab, und ließ ihn an Samuel vorbeigehen. Aber der wurde auch nicht erwählt. Als nächster kam Schamma, und der war auch nicht der Erwählte. Sieben Söhne zeigte Isai dem Propheten, keiner war der von Gott erwählte.

Da sprach Samuel: „Sind das alle deine Söhne?" Isai musste zugeben, dass er noch einen Sohn hatte, den jüngsten, kleinsten, den man zum Schafe Hüten geschickt hatte.
Ganz schnell wollte Samuel gerade den sehen. Braun gebrannt war er, weil er so viel draußen war, schöne Augen hatte er und wirkte zäh. Und Gott sprach zu Samuel: *Auf, salbe ihn, denn der ist's.* So nahm der Prophet das Ölhorn und salbte den Kleinen mitten unter seinen Brüdern. Der Geist Gottes aber blieb bei David von diesem Tag an.

Nach 1 Sam 16,1–13

○ Schreibt und malt David eine Glückwunschkarte. Was wünscht ihr ihm?
  Achtung: Es soll auf der Karte zu erkennen sein, wozu ihr ihm gratuliert!

Aktionskarte:
Klein, aber oho!

M1b

Ihr braucht zunächst die Geschichte von **David und Goliath:**
Schul-/Kinderbibel, 1 Samuel Kapitel 17

- Lest nach, was das für ein Kampf ist:
  Klein gegen Groß
  Schwach gegen Stark
  Unbewaffnet gegen schwer Bewaffnet ... (Findet noch mehr Gegensatzpaare!)

_____

_____

_____

_____

_____

- Probiert Körperhaltungen aus: Wie steht David? Wie steht Goliath da?
- Zeichnet die beiden nun – als Strichmännchen – in der vorher probierten Haltung.
- Gebt ihnen noch Sprechblasen – mit einem coolen Spruch von Goliath und
  einer passenden Antwort von David ...

Aktionskarte:
Sehr geliebt und sehr beneidet   M1c

König Saul erzählt:

Ich könnte ihn wirklich umbringen! Er ist so jung, so fröhlich, alle Herzen öffnen sich ihm! Selbst mein Sohn Jonathan – Er spricht nur noch von ihm, David! David – was ist er schon? Ein Hirte, ein hergelaufenes Bürschchen! Ein Habenichts. Gut, er hat diesen Goliat besiegt. Mehr Glück als Verstand, könnte man sagen. Gut, er führt mein Heer mit viel Erfolg. Kein Kunststück, wenn die Männer glauben, er sei unbesiegbar. Ich könnte ihn umbringen! Aber wer spielt dann die Harfe, wenn das große, schwarze Kopfweh kommt? Wer erlöst mich von meiner Finsternis?

Prinz Jonathan erzählt:

Eigentlich hätte ich ihn hassen müssen: ein Hirte aus Bethlehem, den niemand kennt! Er kommt an den Hof meines Vaters, erringt große Siege, es heißt, er soll an Vaters Stelle treten. Dabei bin ich der Kronprinz! Ja, ich müsste ihn hassen. Aber, was soll ich sagen?: Ich liebe ihn. Ich liebe ihn wie einen Bruder. Und ich kann nichts dagegen tun. Ich habe ihm sogar versprochen, ihm gegen meinen Vater zu helfen. Denn Vater wird immer sonderbarer …

David erzählt:

Ich weiß, dass König Saul mich lieber tot als lebendig sähe! Ich weiß, ich werde fliehen müssen, um mein Leben zu retten. Jonathan, mein treuer Freund, wird mir sagen, wenn es so weit ist. Womit verdiene ich diesen Hass, womit diese Liebe? Was tue ich überhaupt hier? Nachts im Traum bin ich zu Hause bei Vater und da bin ich viel glücklicher. Aber etwas in mir hat keine Ruhe gegeben. Da ist der Wille, Dinge zu verändern, besser zu machen, zum Guten zu führen … Samuel sagte: Gott hat mich erwählt. Gott ist gut … Lass mich gut sein, Gott!

- Lest 1 Sam 18,1–16 und 1 Sam 19,1–7, um mehr zu erfahren.
- Entwerft ein trauriges und ein glückliches Ende dieser Verwicklung!
- Lest 1 Sam 24 (Da ist David bereits auf der Flucht vor Saul und Saul verfolgt ihn mit seinem Heer): Was ist das Besondere an diesem von Gott gewählten zukünftigen König? – Ordnet passende Begriffe um Davids Krone an.

Aktionskarte:
Der Preis des Sieges

M1d

Am Ende des ersten Samuel-Buchs hat David die Auseinandersetzung mit
König Saul gewonnen. Er könnte triumphieren – doch das zweite Buch beginnt anders:

Die Edelsten sind erschlagen worden.
Die Helden sind gefallen!
Erzählt's bloß nicht weiter.
Weder in der Stadt noch in den Dörfern
soll man darüber reden.
Es ist allzu traurig.

Jonathans Bogen traf immer sein Ziel
und Sauls Schwert war unfehlbar.
Und doch sind sie beide verloren.
Schneller waren sie als die Adler
und stärker als die Löwen
und haben immer zusammengehalten.

Eigentlich müsste vor Trauer
das Gras verdorren, die Blumen
auf den Wiesen müssten welken.
Saul war König, von Gott erwählt,
und doch ist er untergegangen.

Ich vermisse dich sehr, mein Bruder Jonathan,
ich hatte große Freude an dir;
dass du mein Freund warst, das war
mir mehr wert als die Liebe einer schönen Frau.
Die Edelsten sind erschlagen worden.
Die Helden sind gefallen.

○ Beschreibt diesen Text. Was drückt er aus?
○ Sucht euch einen Satz/einige Worte heraus, die euch besonders beeindrucken.
  Schreibt sie ab und gestaltet sie so, dass auch äußerlich deutlich wird, was sie bedeuten.

Aktionskarte:
Das Reich ringsum und Jahwe in der Mitte   M1e

Und David tanzte mit aller Macht vor dem Herrn her
und war umgürtet mit einem leinernen Priesterschurz.
Und David mit dem ganzen Hause Israel
führte die Lade des Herrn herauf
mit Jauchzen und Posaunenschall.

Und Michal, Sauls Tochter, Davids Frau,
guckte durchs Fenster und sah
den König David springen und tanzen vor dem Herrn
und verachtete ihn in ihrem Herzen.

David aber sprach zu Michal:
Ich will vor dem Herrn tanzen,
der mich erwählt hat vor deinem Vater und
vor deinem ganzen Hause, um mich zu Fürsten zu bestellen
über das Volk des Herrn, über Israel,
und ich will noch geringer werden als jetzt und
will niedrig sein in meinen Augen!

○ Findet heraus: Was ist die Lade? Wo war sie und wo bringt David sie hin?
○ Überlegt: Was bedeutet der festliche Umzug und warum freut sich David so sehr?
○ Erklärt: Warum will er „niedriger werden"? Was soll er seiner Frau antworten,
   wenn sie ihm vorwirft: „Du machst dich lächerlich, David!"

David: Warum denn so ernst, Michal?

_____

_____

_____

_____

_____

_____

_____

Aktionskarte:
Leben mit Schuld

M1f

Es waren zwei Männer in einer Stadt, der eine reich, der andere arm. Der Reiche hatte sehr viele Schafe und Rinder, aber der Arme hatte nichts als ein einziges kleines Schäflein, das er gekauft hatte. Und er nährte es, dass es groß wurde bei ihm zugleich mit seinen Kindern. Es aß von seinen Bissen und trank aus seinem Becher und schlief in seinem Schoß und er hielt's wie eine Tochter. Als aber zu dem reichen Mann ein Gast kam, brachte er's nicht über sich, von seinen Schafen und Rindern zu nehmen, um dem Gast etwas zuzurichten, der zu ihm gekommen war, sondern er nahm das Schaf des armen Mannes und richtete es dem Mann zu, der zu ihm gekommen war.

Diese Geschichte erzählte der Prophet Nathan dem König. Und David unterbrach ihn erregt: So wahr der Herr lebt: Der Mann ist ein Kind des Todes, der das getan hat! Dazu soll er das Schaf vierfach bezahlen, weil er das getan und sein eigenes geschont hat!

- Diskutiert das Urteil!
- Was sagt der „Pflichtverteidiger" des reichen Manns?

Verteidiger: Mein Mandant hat es nicht böse gemeint, aber …

Aber Nathan streckt seine Hand aus und sagt zu David: Du bist der Mann!

- Lest nach, was er meint (2 Sam 12,7–12)!

Da sprach David zu Nathan: Ich habe gesündigt gegen den Herrn. Nathan aber sprach zu David: So hat auch der Herrn deine Sünde weggenommen; du wirst nicht sterben.

- „Du bist der Mann" – Vier Worte und eine Geste, die David verwandeln. – Stellt diesen Augenblick mit möglichst wenigen Striche und ohne Worte deutlich dar (Cartoon) – ihr könnt die Haltungen vorher selbst ausprobieren.

Aktionskarte:
Auf der Flucht vor dem eigenen Sohn   M1g

David hatte mehrere Söhne. Einer der Söhne hieß Absalom. Obwohl er nicht der Älteste war, wollte er gern König werden. Prinz **Absalom** sammelt heimlich Anhänger. Dann lässt er sich zum König ausrufen. David erkennt den Ernst der Lage und flieht mit seinen Getreuen aus Jerusalem. Auf der Flucht trifft er nicht nur Freunde. Man wirft sogar mit Steinen nach ihm. „Hau bloß ab! Wir wollen **Absalom**!", ruft ein Mann namens **Schimmi**.

○ Findet heraus, wie der Thronstreit zwischen **David und Absalom** ausgeht.

David hat sich durchgesetzt! Er kann zurück nach Jerusalem. Seine Heerführer erwarten von ihm:

■ dass er die bestraft, die nicht zu ihm gehalten haben;
■ dass er die belohnt, die ihm treu geblieben sind;
■ *dass er sich freut!*

David aber …
○ Was sagt er, als er von Absaloms Tod erfährt (abschreiben!)?

2 Sam 19,1

Bei der nächsten Begegnung fällt Schimmi vor David auf die Knie und bittet um Gnade.

○ Was rät der Feldherr?   Was sagt David?

_____   _____

_____   _____

_____   _____

○ Überprüft eure Vermutungen anhand des Bibeltextes 2 Sam 19,22–24!
○ Überlegt euch einen Wahlkampfslogan für David, der die Besonderheit dieses Königs hervorhebt!

Aktionskarte:
König auf ewig

M1h

So spricht der Herr Zebaoth:

Ich habe dich genommen von den Schafhürden,
damit du Fürst über mein Volk Israel sein sollst,
und ich bin bei dir gewesen,
wo du hingegangen bist,
und habe alle Feinde vor dir ausgerottet;
und ich will dir einen großen Namen machen
gleich dem Namen der Großen auf Erden.

▶ **a.** Der Jüngste ist erwählt!

○ Zum Beispiel?
Wie sieht David das? ▶ **d/g**!

Und ich will meinem Volk Israel eine Stätte geben
und will es pflanzen, dass es dort wohne
und sich nicht mehr ängstigen müsse
und die Kinder der Bosheit es nicht mehr bedrängen.
Und wie vormals, seit der Zeit, da ich Richter
über mein Volk Israel bestellt habe,
will ich dir Ruhe geben vor deinen Feinden.

○ Wo?

○ Ist das erreicht?

○ Hat Israel „Ruhe"?

Und der Herr verkündigt dir, dass der Herr dir
ein Haus bauen will. Wenn nun deine Zeit um ist
und du dich zu deinen Vätern schlafen legst,
will ich dir einen Nachkommen erwecken,
der von deinem Leibe kommen wird; dem will ich
sein Königtum bestätigen. Der soll meinem Namen
ein Haus bauen, und ich will seinen Königsthron
bestätigen ewiglich.

○ Was für ein Schlaf?

○ Wer? Was für ein Haus?

Ich will sein Vater sein und er soll mein Sohn sein.
Wenn er sündigt, will ich ihn mit Menschenruten
und mit menschlichen Schlägen strafen; aber meine
Gnade soll nicht von ihm weichen, wie ich sie habe
weichen lassen von Saul, den ich vor dir
weggenommen habe.
Aber dein Haus und dein Königtum sollen beständig sein
in Ewigkeit vor mir, und dein Thron soll ewig bestehen.

○ Und bei David? ▶ **f.**

2 Sam 7,8–16

○ Wer ist der Sprecher und warum ist er so zuversichtlich?
○ Klärt die Fragen am Rand des Textes mithilfe der anderen Stationen, der Bibel und
Nachschlagewerken; für Israel/Nahost: Tageszeitung!
○ Klärt den Zeitpunkt der Verheißung: Was hat David schon erlebt? Was kommt noch?
(Skizze!) – Was fällt euch auf?

Aktionskarte:
Aus dem Schatten ans Licht   M2a

- Besorgt euch ▶ **M1a. Der Jüngste ist erwählt**. Lest noch mal die Berufungsgeschichte.
- Nun wählt ihr einen Sprecher. Wenn eure Gruppe groß genug ist, könnt ihr vier Schauspieler einteilen, die pantomimisch* die erzählte Geschichte begleiten: Isai, Samuel, einen, der der Reihe nach alle großen Söhne darstellt, und David. Wenn ihr weniger als fünf seid, lasst nur Samuel und David spielen.

  * Bei der Pantomime kommt es darauf an, die jeweilige Bedeutung der Rollen durch die Haltung auszudrücken (je unbedeutender, desto geduckter; je bedeutender, desto aufrechter – Zehenspitzen!)

- Für die zweite Pantomine braucht ihr einen Sprecher und zwei Schauspieler: David und Nathan. Erzählt wird, wie Nathan David das Gleichnis von den zwei Männern und ihren Schafen erzählt (▶ **M1f. Leben mit Schuld**), wie David urteilt und Nathan dann sagt: Du bist der Mann. Auch hier geht es um die Haltung. Vergesst nicht das Ende: Der Herr hat deine Sünde weggenommen …
- Wenn ihr beide Pantomimen möglichst deutlich gestaltet hintereinander eurer Klasse vorspielt, sollten die Mitschüler eine „Regel" ableiten können, etwa: **Gott macht den Großen klein, den Kleinen aber groß.**

Aktionskarte:
Das Verlorene suchen   M2b

- Geht auf dem Bild mit den Augen spazieren. Das Bild heißt „Verloren" – Dichtet einen Vers/Text, der zu dem Bild und seinem Titel passt (oder schreibt einen Liedtext auf, der euch dazu einfällt)!

- Sammelt Ideen: Wer/was kann verloren gehen? Wodurch?

- Was für ein Gefühl ist „finden"? Malt ein „Finde"-Bild.

- Findet einen Jesus-Text, bei dem es ums Verlieren/Finden geht – den könnt ihr später der Klasse zu eurem Bild vorlesen.

Aktionskarte:
Das Versprechen eines Regierenden

M3a

Ein Psalm Davids. Von Gnade und Recht will ich singen
und dir, HERR, Lob sagen.
Ich handle umsichtig und redlich,
dass du mögest zu mir kommen;
ich wandle mit redlichem Herzen in meinem Hause.
Ich nehme mir keine böse Sache vor;
ich hasse den Übertreter
und lasse ihn nicht bei mir bleiben.
Ein falsches Herz muss von mir weichen.
Den Bösen kann ich nicht leiden.
Wer seinen Nächsten heimlich verleumdet,
den bring ich zum Schweigen.
Ich mag den nicht, der stolze Gebärde
und hoffärtige Art hat.
Meine Augen sehen nach den Treuen im Lande,
dass sie bei mir wohnen;
ich habe gerne fromme Diener.
Falsche Leute dürfen in meinem Hause nicht bleiben,
die Lügner gedeihen nicht bei mir.
Jeden Morgen bring ich zum Schweigen
alle Gottlosen im Lande,
dass ich alle Übeltäter ausrotte
aus der Stadt des HERRN.   *Psalm 101*

- Psalmen wurden und werden gesungen. Aber auch gesprochen haben sie eine große Wirkung. Teilt die Gruppe in zwei Teile: Lest Zeile für Zeile im Wechsel!
- Danach sucht jeder seinen Lieblingsvers! Sprecht eure Verse in beliebiger Reihenfolge mehrfach in die Gruppe. Danach könnt ihr den anderen erklären, warum ihr euch für euren Vers entschieden habt.
- David verspricht seinem Volk, ein guter König zu sein. Was bedeutet für ihn „gut", was „böse"? – Macht eine Tabelle!
- Erweitert die Liste aus eigener Sicht um Dinge, die euch wichtig sind.

gut	*böse*

Aktionskarte:
König über ganz Israel   M3b

Die Anhänger und Nachkommen Sauls und Davids kämpften lange gegen die Philister.
Schließlich ist David der König von Juda (Südreich) – und was ist mit Israel (Nordreich)?

Und es kamen alle Stämme Israels zu David nach Hebron und sprachen: Siehe, wir sind
von deinem Gebein und deinem Fleisch*. Schon früher, als Saul über uns König war, führ-
test du Israel ins Feld und wieder heim. Dazu hat der HERR dir gesagt: Du sollst mein Volk
Israel weiden und sollst Fürst sein über Israel.

   … Und der König David schloss mit ihnen einen Bund in Hebron vor dem HERRN, und sie
salbten David zum König über Israel. Dreißig Jahre war David alt, als er König wurde, und
regierte vierzig Jahre. Zu Hebron regierte er sieben Jahre und sechs Monate über Juda,
und zu Jerusalem regierte er dreiunddreißig Jahre über ganz Israel und Juda.

2 Sam 5,1-5

* *Von deinem Gebein und deinem Fleisch* bedeutet, dass sie aus dem gleichen Volk sind.

- Was für einen König wünschen sich die Leute?
- Entwerft und gestaltet eine „Stellenausschreibung" für das Amt des Königs über Israel!
  (Schaut euch „echte" Stellenausschreibungen an, um Ideen zu sammeln).
  Denkt daran: Ihr dürft nicht nur fordern … was habt ihr zu bieten?
- Am besten legt ihr noch eine Skizze des Königspalastes bei, den ihr bauen wollt,
  oder des Königsmantels, den er tragen soll (o.Ä.) – Dabei vergesst nicht, was für einen
  König ihr sucht: einen eitlen, faulen, habgierigen oder …?

Aktionskarte:
Ein guter Plan ist alles

M3c

> Die Eroberung Jerusalems war für David und seine Krieger nicht schwer. Die dort wohnenden Jabusiter hatten die Stadt auf dem Felsen zwar befestigt, hatten aber nicht mit der Kriegslist gerechnet, dass sich die Männer Davids durch einen unterirdischen Gang von der Quelle des Gihon Bachs bis in die Stadt schleichen konnten ...
>
> *Herbert Donner, Geschichte des Volkes Israel*

Von der alten Stadt der Jebusiter, Jerusalem, gab es ein Sprichwort: So gut ist Jerusalem befestigt, dass selbst Blinde und Lahme es verteidigen könnten. Davids Soldaten betrachteten die hohen Mauern und nickten mit den Köpfen. „So ist es", flüsterten sie einander zu. „Da wird auch David nicht hineinkommen." „Das wird sich noch zeigen", sagte David, der plötzlich mitten zwischen ihnen stand. Nachdenklich betrachtete er die trockenen Hänge. „Woher bekommen die Blinden und Lahmen in der Stadt eigentlich ihr Wasser?", fragte er leise ...

- Schreibt das Gespräch zu Ende!
- David will Jerusalem erobern: Entwerft ein Strategiespiel! Dazu braucht ihr **Basiskarte 3** (Wegespiel). Start ist in Hebron, Ziel in Jerusalem. Bestimmte Punkte werden mit Aufgaben oder Anweisungen belegt, z.B. *Davids Soldaten sind müde. Weiter gehen? (2 vor)/Pause machen? (1x aussetzen)*. Oder: *Die Soldaten kommen an eine Weggabelung. Ein Hirte sagt, der rechte Weg sei steiler, aber auch kürzer, der linke bequemer, aber viel länger ...*

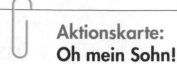

Aktionskarte:
Oh mein Sohn!   **M4a**

- Erinnert ihr euch? David hatte verboten, seinen Rivalen Absalom zu töten. Stellt euch vor, was geschehen wäre, wenn er wirklich am Leben geblieben wäre ... Könnt ihr euch ein Ende ausdenken, das auch Gott gefallen hätte?
- Verfasst ein Trauerlied für Absalom, den schönen Sohn Davids, der unbedingt König werden wollte! (**M1d** kann euch helfen.)

Ich bin traurig ...

Jubelt doch nicht, ihr Leute ...

Oh, mein Sohn!

Er war jung und schön ...

Wie konnte er lachen. Wenn ich ihn ansah ...

Ich werde ihn sehr vermissen ...

Aktionskarte:
Es kann nur schlecht ausgehen ...   **M4b**

Gott sagt: David soll König sein.
Saul sagt: Ich will König sein.
David sagt: Ich darf König sein.

- Schreibt diese Sätze auf Pappstreifen. Probiert aus, wie ihr sie auf einem großen Blatt so anordnen könntet, dass das Problem sichtbar wird (Ihr könntet Pfeile einzeichnen!) – Schlagt eine Lösung vor!

Saul sagt: Ich muss David töten.
David sagt: Ich will Saul nicht töten.
Gott sagt: Du sollst nicht töten!

- Es wird komplizierter: Wie passen die neuen Sätze zu den alten? Schreibt auch sie auf Pappstreifen und arrangiert sie auf eurem Schaubild.
- Wenn ihr mit dem Ergebnis zufrieden seid, könnt ihr alles festkleben und euch darauf vorbereiten, der Klasse eure Überlegungen mitzuteilen.

Aktionskarte:
Woher kommt mir Hilfe? M4c

Ach, Herr, wie sind meiner Feinde so viel ... Aber du, Herr, bist der Schild für mich!
(Aus Psalm 3)

Heile mich, Herr, denn meine Gebeine sind erschrocken und meine Seele ist sehr erschrocken – Ach du, Herr, wie lange? *(Aus Psalm 6)*

Herr, wie lange willst du mich so ganz vergessen? Wie lange verbirgst du dein Antlitz vor mir? *(Aus Psalm 13)*

Mein Gott, mein Gott, warum hast du mich verlassen? Ich schreie, aber meine Hilfe ist ferne ... *(Aus Psalm 22)*

Herr, sei mir gnädig, denn mir ist angst! Mein Auge ist trübe geworden vor Gram, matt meine Seele und mein Leib ... *(Aus Psalm 31)*

- Lest diese Verse und sucht euch jede/r einen aus! Jede/r stellt sich vor, er sei der Sprecher des Verses: Wie geht es ihm/ihr? Was ist geschehen? Worauf hofft er/sie?
- Lest euch gegenseitig „euren" Vers vor und erzählt, was ihr euch dabei gedacht habt.
- Überlegt nun gemeinsam: Was haben eure Verse gemeinsam? Inwiefern können sie trösten?
- David soll Klagepsalmen gesprochen/gebetet haben, wenn er Angst hatte, traurig war, auch als er um seinen Sohn trauerte. Sucht in der Tageszeitung eine traurige Meldung (z.B. Unfall, Traueranzeige), versetzt euch in die Person des Trauernden und verfasst Klageverse/einen Klagepsalm!

Infokarte:
Jesus Christus – Davids Sohn   M5

Für Christen ist Jesus ein direkter Nachfolger des großen Königs David. Sie beziehen sich dabei auf die so genannten messianischen Weissagungen. Die wichtigste ist:

> Das Volk, das im Finstern wandelt, sieht ein großes Licht, und über denen, die da wohnen im finstern Lande, scheint es hell.
>
> Denn uns ist ein Kind geboren, ein Sohn ist uns gegeben, und die Herrschaft ruht auf seiner Schulter; und er heißt Wunder-Rat, Gott-Held, Ewig-Vater, Friede-Fürst; auf dass seine Herrschaft groß werde und des Friedens kein Ende auf dem Thron Davids und in seinem Königreich, dass er's stärke und stütze durch Recht und Gerechtigkeit von nun an bis in Ewigkeit. Solches wird tun der Eifer des Herrn Zebaoth.
>
> *(Aus: Jesaja 9)*

Die Evangelisten stellen den Zusammenhang folgendermaßen dar:

> Dies ist das Buch von der Geschichte Jesu Christi, des Sohnes Davids, des Sohnes Abrahams ... Isai zeugte den König David ... Jakob zeugte Josef, den Mann der Maria, von der geboren ist Jesus, der da heißt Christus.
>
> *Matthäus 1, 1.6.16*

> Siehe, du (Maria) wirst schwanger werden und einen Sohn gebären, und du sollst ihm den Namen Jesus geben. Der wird groß sein und Sohn des Höchsten genannt werden; und Gott der Herr wird ihm den Thron seines Vaters David geben, und er wird König sein über das Haus Jakob in Ewigkeit, und sein Reich wird kein Ende haben.
>
> *Lukas 1, 31-33*

Aktionskarte:
Ich freue mich ...

M5a

David singt:

Ich freute mich über die, die mir sagten: Lasset uns ziehen zum Hause des Herrn!
Nun stehen unsere Füße in deinen Toren, Jerusalem.
Jerusalem ist gebaut als eine Stadt, in der man zusammenkommen soll,
wohin die Stämme hinaufziehen, die Stämme des Herrn,
wie es geboten ist dem Volke Israel, zu preisen den Namen des Herrn...

Wünschet Jerusalem Glück! Es möge wohl gehen denen, die dich lieben!
Es möge Frieden sein in deinen Mauern und Glück in deinen Palästen!
Um meiner Brüder und Freunde willen will ich dir Frieden wünschen.
Um des Hauses des Herrn willen, unseres Gottes, will ich dein Bestes suchen.

Psalm 122

○ Zeichnet Jerusalem auf das Werbeplakat eines Reiseveranstalters für „Biblisches Reisen"!
(Dabei müsst ihr euch einen Augenblick lang vorstellen, es gäbe endlich Frieden in
Nahost!) Lest dazu den Psalm, betrachtet das Deckblatt (L fragen!)/Fotos in Sachbüchern
über das Heilige Land!
○ Welche Hoffnungszeichen aus dem Psalm lassen sich nicht ohne weiteres auf das
Plakat malen? Sammelt sie und überlegt, wie ihr sie doch noch darstellen könntet!

Aktionskarte:
Hoffnung wachsen lassen

M5b

○ Nehmt euch die **Infokarte M5 Jesus Christus – Davids Sohn**!
○ Sammelt die in den Texten enthaltenen Hoffnungsbegriffe und schreibt sie auf ein
großes Blatt Papier (Posterrückseite)!
○ Schreibt zu den Hoffnungsbegriffen jeweils ein (paar) Stichwort(e), aus denen
deutlich wird, was sie mit David zu tun haben.
○ Verbindet die Hoffnungsbegriffe zu einem Baum, einer Pflanze o.Ä.!
○ Fügt weitere „Triebe" hinzu: eure eigenen Hoffnungen!

Aktionskarte:
Hoffnung sammeln   M5c

- Nehmt euch die **Infokarte M5 Jesus Christus – Davids Sohn**!
- Sammelt die in den Texten enthaltenen Hoffnungsbegriffe und schreibt sie auf ein großes Blatt Papier (Posterrückseite)! Zeichnet passende Bilder oder Symbole!
- Jede/r von euch befragt fünf Menschen: Worauf hoffst du? Tragt die Antworten auf eurem Poster ein und gestaltet sie wiederum bildlich!
- Sucht nach Glückwunschkarten, die Hoffnungsbilder zeigen (Weihnachts-Krippen-Idylle o.Ä.) und vollendet damit euer Hoffnungs-Sammel-Bild!

Aktionskarte:
Ja-Nein-Spiel zum Thema Hoffnung   M5d

- Ihr braucht eine Basiskarte 2 und das dort beschriebene Zubehör!
- Beschriftet die Auswahlkärtchen mit möglichst unterschiedlichen Hoffnungsbegriffen („was Menschen sich wünschen") !

Zum Beispiel:

Gesundheit	Geld	Frieden	Freunde
Gerechtigkeit	Geborgenheit	Erfolg	Ein gutes Miteinander in der Familie

- Was ist euch wichtig (Ja), was findet ihr eher nebensächlich (Nein)?
- Spielt nach den Regeln auf der Basiskarte und begründet jeweils eure Entscheidung!

B Die Bibel – Vom Papyrus zur CD

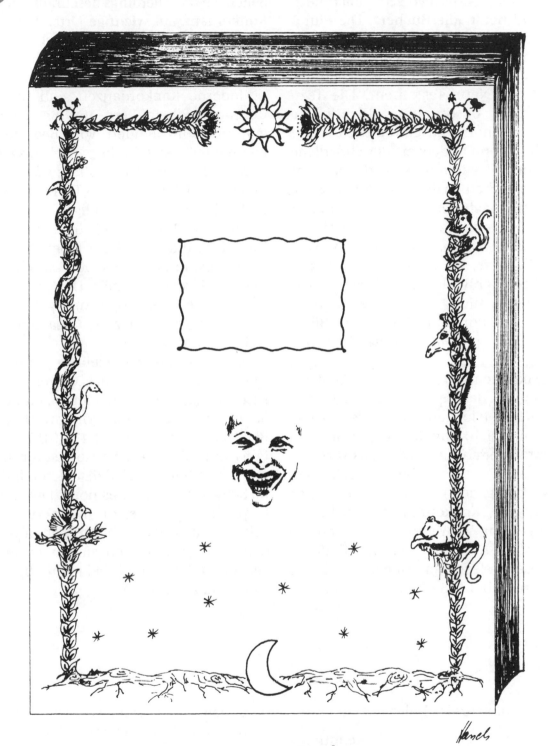

Machen

Suchen

Verschriften

Verbreiten

1. Thematisches Stichwort

Das Wort „Bibel" kommt von „ta biblia" (griechisch) und heißt „die Bücher". Die Pluralform deutet schon darauf hin, dass es sich um eine Sammlung von Büchern handelt. Diese „Bücherei" hat zwei Abteilungen, das Alte und das Neue Testament. Die Texte wurden nach bestimmten „Richtlinien" (griechisch „kanon") ausgewählt. So ist der hebräische Kanon anders als der christliche. Und der katholische unterscheidet sich von dem evangelischen. In diesem Kapitel soll die Bibelausgabe nach der Übersetzung Martin Luthers (revidierte Fassung von 1984), zu Grunde gelegt werden. Auf die sog. „Apokryphen", d.h. Texte, die nicht kanonisch sind (z.B. das Buch Tobit oder das Thomasevangelium), soll hier nicht eingegangen werden. Weitere Informationen zum Stichwort „Bibel" finden sich u.a. in: *Religionsunterricht praktisch 6*, S. 7–9.

Die textkritische Arbeit an der Bibel begann schon in der Zeit vor Martin Luther. Besonders in den letzten Jahrhunderten aber bemühte man sich, zum Kern biblischer Aussagen vorzustoßen, „echte" Jesusworte zu finden und den „Sitz im Leben" eines Textes.

Ein Werkzeug der Wissenschaftler waren schon bald die „Konkordanzen", Stichwortsammlungen mit Verweisen auf den jeweiligen Fundort im AT bzw. NT. Ein „Wo finde ich was?" gibt es in fast allen Bibelausgaben, so in der Lutherbibel 1984 im Anhang auf den Seiten. 59–77. Allerdings beschränkt sich diese Konkordanz auf wichtige Orte, Namen und Themen und reicht deshalb nicht für die im Folgenden vorgeschlagenen Recherche-Aufgaben der Sch.

Moderne Konkordanzen sind die neuen Computer-Bibeln: Lern- und Rechercheprogramme zum Finden von Begriffen und kompletten Texten, die sogar ausgedruckt werden können. Das z.Zt. umfangreichste Programm ist die „Quadro-Bibel plus Version 2.0", die vier vollständige Textausgaben (Lutherbibel 1984, Einheitsübersetzung, Gute Nachricht und revidierte Elberfelder Bibel) sowie Textauszüge aus der Züricher Bibel und ein Lexikon enthält. Dieses Programm enthält auch vielfältige Anzeigefunktionen, kann Querverweise zum Gesangbuch herstellen und vieles mehr.

Die buchstäblich kleinste Konkordanz sieht auf den ersten Blick wie eine Scheckkarte aus: „Suchen. Und Finden. Lutherbibel. Smart Card", für PC's ab Windows 95 mit CD-ROM-Laufwerk, ISBN 3-438-01816-0, zum Preis von € 5,-. Diese Version ist für die Freiarbeit durchaus zufriedenstellend. Eine kleine Schwierigkeit gibt es noch: Die sog. Apokryphen, d.h. Texte, die nicht zum Kanon gehören, aber den frühchristlichen Gemeinden wichtig waren (s.o.), sind in den Schülerversionen der Lutherbibel nicht abgedruckt, wohl aber auf der CD.

2. Kompetenzen

Die Schülerinnen und Schüler

- verfügen über grundlegende Kenntnisse von der Bibel als Bibliothek,
- wissen und haben erfahren, dass das Schreiben der Texte aufwändig war,
- können zum besseren Verständnis der Bibel Worte und Texte suchen und finden,
- sind in der Lage eine eigene Textsammlung herzustellen.

3. Literatur zum Thema

Alexander, David und Pat (Hg.): Handbuch zur Bibel, R. Brockhaus Verlag, Wuppertal [7]1991

Dohmen, Christoph (Hg.): Bibel – Bilder – Lexikon, Verlag Katholisches Bibelwerk, Stuttgart 1995

Gastaldi, Silvia und Claire Musatti: Entdecke die Welt der Bibel, Neukirchener Verlagshaus, Neukirchen-Vluyn 2000

Goodman, Naomi u.a. (Hg.): Rezepte zwischen Himmel und Erde. Gaumenfreuden aus biblischer Zeit, Schulte & Gerth. Pattloch Verlag [3]2002

Koretzki, Gerd-Rüdiger und Tammeus, Rudolf (Hg.): Religion entdecken – verstehen – gestalten. 5./6. Schuljahr, Vandenhoeck& Ruprecht, Göttingen 2000, S. 99–114

Dies.: Werkbuch Religion entdecken – verstehen – gestalten. Materialien für Lehrerinnen und Lehrer. 5./6. Schuljahr, Vandenhoeck & Ruprecht, Göttingen 2000, S. 103–118

Müller, Peter: Mit Markus erzählen: das Markusevangelium im Religionsunterricht, Stuttgart 1999

Musset, Jacques u.a. (Hg.): Ich entdecke die Welt der Bibel. Altes und Neues Testament, Verlag Otto Meier, Ravensburg 1987

Staubli, Thomas: Tiere in der Bibel. Gefährten und Feinde, KiK-Verlag, Berg am Irchel, Schweiz 2001

Westermann, Claus: Abriß der Bibelkunde. Altes und Neues Testament, Calwer Verlag, Stuttgart [13]1991

Zohary, Michael: Pflanzen der Bibel, Calwer Verlag, Stuttgart [3]1995

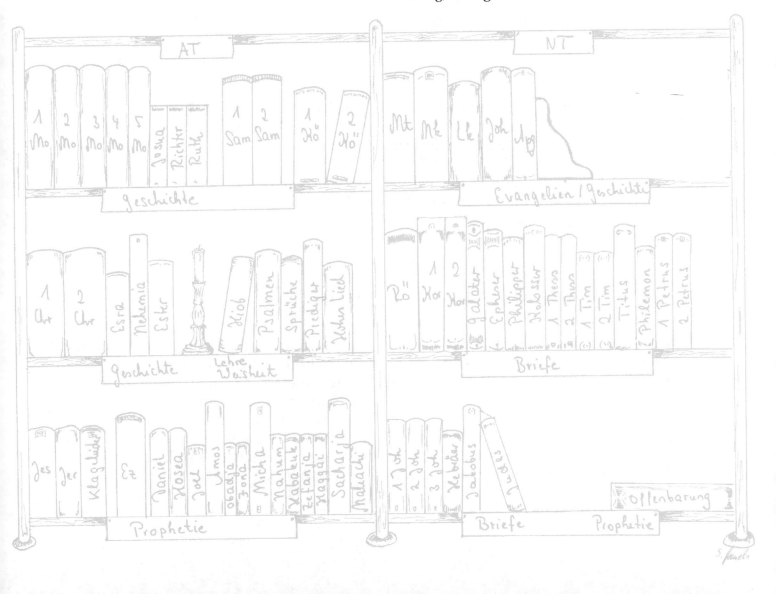

4. Orientierungsseite

Wo können *welche* Freiarbeitselemente was leisten?

Phase	Inhalte	FA-Elemente	FA-Materialien
Einstieg	Die Bibel als **Biblio-thek** – Bücherschrank zeichnen und füllen mit Hilfe des Inhalts-verzeichnisses der Bibel und/oder der CD	Zeichnen und Füllen von Regal-brettern eines Bücherschranks in selbst gewählten Lernwegen	**M1:** Wo sollen wir mit den Büchern hin? Rechercheaufgaben
Erarbeitung	Herstellen einer **Buch-Rolle**, um den Wert der Verschrift-lichung zu erfahren	Arbeitsteilig Schreibmaterial entwickeln: Papyrus, Pergament, Tusche/Feder und Schriftzeichen kennen lernen	**M2–M4:** Material und Schriftzeichen – die Buchrolle als Produkt einer handlungs-orientierten Recherche
Vertiefung	**Textsuche** mit Hilfe von Konkordanz und CD	In Partnerarbeit Wörter und Texte suchen, Spiele entwickeln.	**M5:** Wortsuche **M6:** Textsuche für ein Quiz
Ergebnissicherung	**Unsere Bibel** – Dokumentation der gefundenen Texte in selbst hergestellten Büchern und/oder im Schaukasten der Schule	Arbeitsteilig Recherche-Produkte bearbeiten, illustrieren, ausstellen und zeigen	**M7:** Meine Lieblingstexte

5. Erläuterungen zu den Freiarbeitsvorschlägen

Für den Einstieg wird in einer *Plenumsphase* an einem zusammengeschobenen Gruppen-tisch alles ausgelegt, was Sch und L an Bibeln mitbringen können: Alte und neue Bibeln, Kinder- und Bilderbibeln, Bibeln in fremden Sprachen. Es darf geblättert, vermutet und erzählt werden. Besonders interessant ist natürlich eine griechische Ausgabe (Novum Testamentum Graece) mit ihren ungewohn-ten Schriftzeichen. Einzelne Buchstaben kennen die Sch aus dem Mathematikunter-richt. Da wird geraten und gesucht, vielleicht ein Wort an die Tafel geschrieben. Hat jemand ein hebräische Bibel zu Hause und kann sie mitbringen? Da könnte man neben-bei erklären, dass es auch Bücher gibt, die

„von hinten nach vorne" gelesen werden. Bilderbibeln laden zum Erzählen ein. Russlanddeutsche Sch werden bewundert, weil sie Bibeln haben, deren Schrift keiner kennt. Oder doch?

Die Bibel als Bibliothek

Dann werden zwei Gruppen gebildet: die *Computerfreaks* und die *Blätterkönige*. Die Blätterkönige versuchen mit Hilfe einer Bibel das Durcheinander von **M1a** zu entwirren und in die Regale von **M1b/c** zu sortieren (ausschneiden, aufkleben). Die Computerfreaks versuchen das Gleiche mithilfe einer CD. Wer ist schneller? Wer hat alles richtig (Kontrollblatt! **M1d**)?

Noch mehr Wettbewerb gibt es, wenn die Teams gestoppt werden: Wie lange braucht jede Gruppe, um die Bücher alle zuzuordnen?

Die Buchrolle

Das Schreibmaterial wird den Sch per Infokarte **M2** vorgestellt. Experimente mit Feder und Tusche sind erwünscht. L kann dünne Holzstäbe aus Bambus aus dem Baumarkt zur Verfügung stellen. Mit einem scharfen Messer oder Cutter schräg angeschnitten funktionieren diese Stifte fast wie Füller.

An Stelle von Papyrus oder Pergament sollten die Sch auf der Rückseite von Tapetenstücken schreiben. Die Maße: ca. 40 × 55 cm oder größer. Zwei Holzstöcke und mindestens 6 Reißzwecken braucht jeder Sch, damit er seine Buchrolle fertig stellen kann.

Sch vermuten häufig, dass auf Papyrus Hieroglyphen standen. Das stimmt, aber die Texte des AT wurden schon im frühen Judentum mit hebräischen Schriftzeichen geschrieben (**M3**), von rechts nach links, ohne Vokale. Als Lesehilfe wurden später Punkte und kleine Striche über und unter die Buchstaben geschrieben.

Das NT wurde in der *lingua franca* des Mittelmeerraumes Koine (Griechisch **M4**) verfasst. Griechische Buchstaben ähneln teilweise den in Deutschland und Europa gebräuchlichen. Hier können Sch raten und selbst zuordnen. Auch das Schreiben fällt ihnen leichter. Differenzierungsmöglichkeiten sind gegeben durch schwierigere oder leichtere Aufgaben.

Textsuche

Das Material von **M5** und **M6** ermöglicht den Sch, Wörter und Texte zu finden, die sie interessieren. Dazu können sie die bewährte Konkordanz in Buchform benutzen und/oder eine CD und den Computer.

M5a-f können in Partner- oder Einzelarbeit bearbeitet werden. Der spielerische Umgang mit verschiedenen Konkordanzen bzw. CD's erweitert auch das biblische Wissen: „Gab es damals wirklich keine Feigen?" Also wird in entsprechenden Lexika nachgeschlagen oder in die Worterklärung der CD geguckt.

Je nach Computerplätzen und Zeitbudget können die Sch eine oder mehrere dieser Karten mit Infos füllen. Es können auch Leerformulare ausgeteilt werden, in die die Sch ihre eigenen Suchobjekte eintragen. Wenn das alle machen und die Blätter anschließend verdeckt wieder ausgeteilt werden, ergibt sich ein Spiel: Wer hat zuerst alle Antworten parat?

M6 und **M6a** helfen den Sch, ein Bibelquiz zu erstellen und zu spielen. Es soll dabei nicht etwa um Namen gehen, die möglicherweise nicht einmal L kennt. Wie die Beispiele zeigen, sollen möglichst zentrale Texte ausgewählt werden, die vielen Sch schon von der Grundschule her bekannt sind.

Unsere Bibel

M7 ist die Information für die Sch zur Präsentation der Arbeitsergebnisse: Sie haben gelernt, Stellen zu suchen und zu finden. Sie werden ermutigt, selbst kreativ mit ihrem Wissen umzugehen. Dazu gehört das Produkt ihrer Leistung, ein kleines eigenes Buch: „Meine Lieblingstexte" oder „Für jemanden, den ich gern habe". Wenn es sich zeitlich ergibt, kann man sich auch an einem Schulprojekt beteiligen. Diese Veranstaltungen enden häufig in einem Basar oder einem Tag der offenen Tür für Freunde und Angehörige der Sch. Dann wird ausgestellt, erklärt, gezeigt. Die schmale Variante ist die Ausstellung in einem Schaukasten der Schule. Auch hier können die Sch zeigen, was sie können.

L sollte bei der Materialbeschaffung behilflich sein: Leichter Karton (kopierfähig, 180 g) in verschiedenen Farben, Papierschneidemaschine, evtl. Laminiergerät und Spiralbinder.

Sch bringen Buntstifte, Deko-Material für das Deckblatt, Fineliner u.ä. mit.

Aktionskarte:
So ein Durcheinander! M1a

Maleachi	Hesekiel	2. Mose (Exodus)
5. Mose (Deuteronomium)	Sprüche Salomos (Sprichwörter)	1. Thessalonicherbrief
Haggai	Nahum	Hiob
1. Chronik	1. Korintherbrief	Jeremia
Johannes	1. Mose (Genesis)	2. Könige
Philipperbrief	Lukas	Prediger Salomo
Jesaja	2. Chronik	Judasbrief
Obadja	Daniel	3. Mose (Leviticus)
Kolosserbrief	Zefanja	Habakuk
1. Timotheusbrief	Micha	Joel
4. Mose (Numeri)	2. Thessalonicherbrief	Richter
Sacharja	1. Petrusbrief	2. Korintherbrief
1. Könige	Das Hohelied	Psalter (Psalmen)
Amos	Klagelieder Jeremias	Galaterbrief
Matthäus	Hebräerbrief	2. Johannesbrief
Römerbrief	Josua	Esra
2. Petrusbrief	Epheserbrief	Markus
3. Johannesbrief	Offenbarung	Rut
Jakobusbrief	2. Timotheusbrief	Ester
2. Samuel	Philemonbrief	Hosea
Apostelgeschichte	1. Johannesbrief	Titusbrief
Jona	Nehemia	1. Samuel

Das alles steht in der Bibel.

◼ Schneidet die Namen aus und klebt sie auf die Rücken der Bücher in den Regalen
M1b/c. Die richtige Reihenfolgen müsst ihr nachgucken (Bibel oder Bibel-CD).
◼ Beschriftet die Regalbretter.

Ihr seht: Die Bibel ist nicht nur ein Buch – sie ist eine Bibliothek!

Aktionskarte:
Die Bibel – Altes Testament

M1b

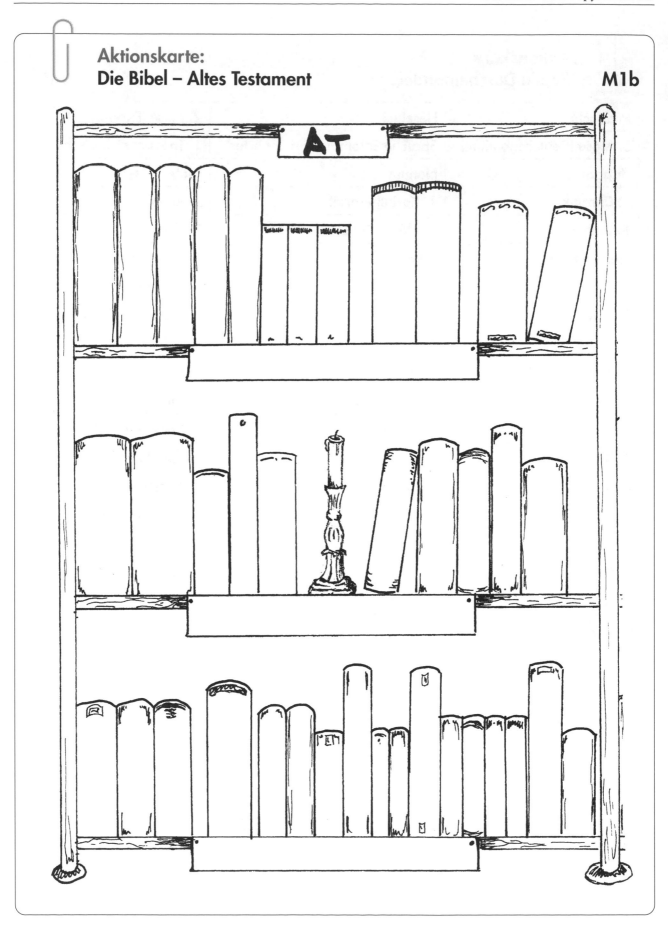

Aktionskarte:
Die Bibel – Neues Testament

M1c

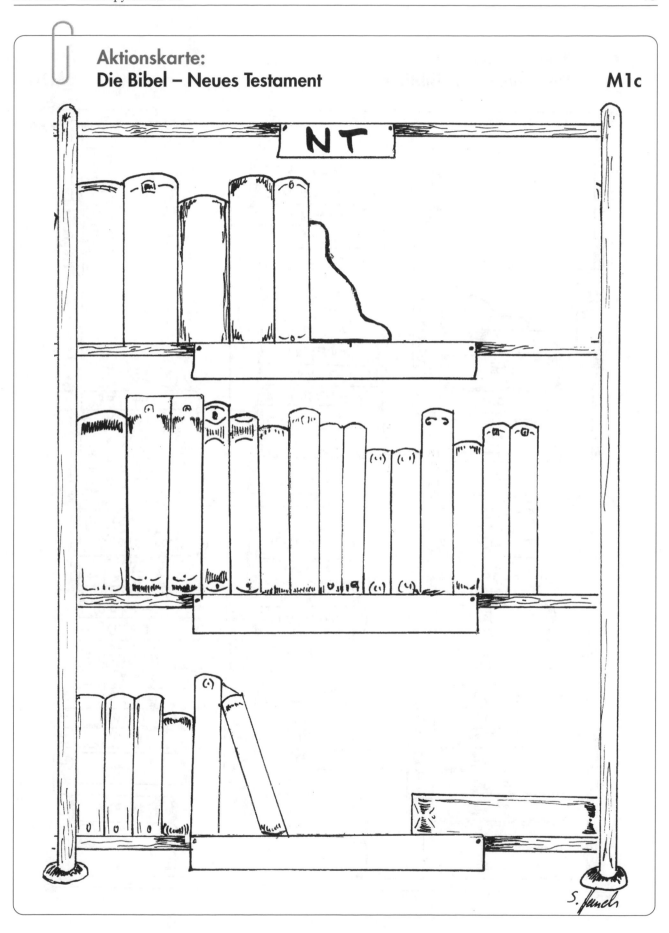

Kontrollkarte:
Die Bibel – Eine Bibliothek

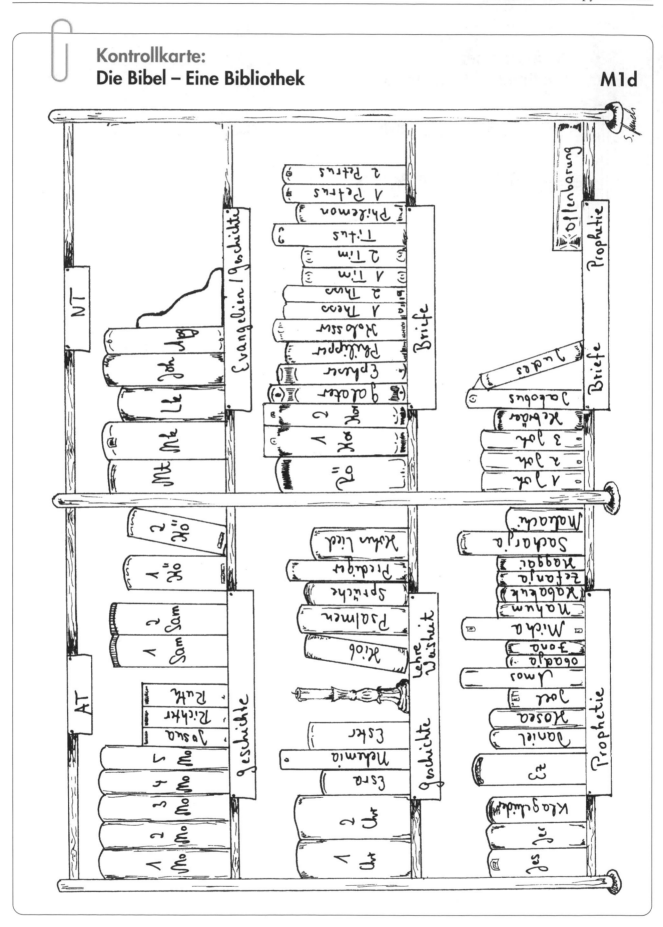

Infokarte:
Schreibmaterial   M2

Im Altertum schrieben die Menschen mit Federhaltern, die sie aus Federn mit möglichst dicken Kielen herstellten. Man benutzte aber auch Stöckchen, z.B. vom Rohr. Mit einem scharfen Gegenstand wurde dieser Stift schräg angeschnitten, in Tinte eingetaucht und dann konnte man schreiben.

Tinte machte man aus zerriebenem farbigen Stein oder aus bestimmten Pflanzen. Ihr könnt die Farbtöpfchen eures Tuschkastens nehmen und mit Wasser eine dickflüssige Tinte herstellen.

Geschrieben wurde auf Papyrus oder Pergament. Das war schon ein richtiger Fortschritt gegenüber Keilschrift, die in Tontafeln gedrückt oder in Stein gehauen werden musste. Denkt nur an die Arbeit und das Gewicht!

Papyrus (mit dem Fachnamen *Cyperus papyrus*) ist eine Pflanze, die einen langen Stiel hat und in einem „Schirmchen" endet.

In besonderen Werkstätten wird noch heute aus dem weißen Mark der Stauden „Papier" hergestellt: Die Stängel werden geschält, das Innere („Mark") in lange Streifen geschnitten, quer übereinander gelegt, mit besonderem Klebstoff verbunden, gepresst und getrocknet. In großen Papierhandlungen kann man Papyrus kaufen.

Pergament ist Tierhaut, abgeschabtes Fell, das besonders bearbeitet wird. Es lässt sich leicht rollen. Papier, das ähnlich aussieht wie Pergament, gibt es im Fachhandel.

Aktionskarte:
Wir basteln eine Schriftrolle   **M2a**

Du brauchst: Zwei Stöcke, ein Stück Tapete etwa 40×55 cm groß, 6 Reißzwecken.

Zum Schreiben entweder eine Gänsefeder (oder dicke andere Feder, oder einen Bambusstab von 0,5 cm Durchmesser), die du schräg abschneidest, so dass du in den hohlen Schaft gucken kannst.

Tinte rührst du dir im Tuschkasten, schwarzes Näpfchen, mit etwas Wasser an.

Überlege dir einen Text oder lass ihn dir ausdrucken oder schlage in der Bibel nach.

1. In welcher Sprache/Schrift willst du schreiben (vgl. Infokarten **M3** und **M4**)?
2. Probiere deine Feder auf einem Stückchen Tapete aus.
3. Schreibe in Spalten von oben nach unten.
4. Lass die Schrift gut trocknen.
5. Befestige den Text mit Reißzwecken an den Stäben.

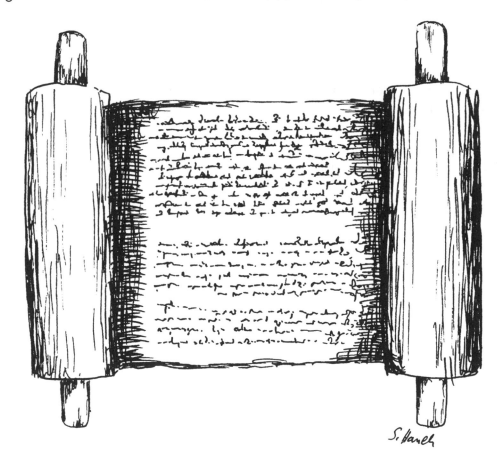

Infokarte:
Schriften: Hebräisch M3

Buchstabe	Name	deutscher Buchstabe
א	Alef	wird nicht gesprochen
ב	Bet	b
ג	Gimel	g
ד	Dalet	d
ה	He	h
ו	Wau	w
ז	Sajin	s (stimmhaft)
ח	Chet	ch (machen)
ט	Tet	t
י	Jod	j, i
כ	Kaf	k
ל	Lamed	l
מ	Mem	m
נ	Nun	n
ס	Samech	s (scharf)
ע	Ajin	wird nicht gesprochen
פ	Pe	p, f
צ	Zade	z
ק	Kof	k
ר	Resch	r
ש	Sin	s (scharf)
ש	Schin	sch
ת	Tau	t

Aktionskarte:
Hebräisch schreiben M3a

Schreibe die Konsonanten deines Namens – von rechts nach links. Wenn du Vokale hinzufügen willst, bringst du am davor stehenden Konsonanten Striche und Punkte an:

Als „a" ein ⊤ darunter.
Als „e" ein .. darunter
Als „i" ein . darunter
Als „o" ein • darüber
Als „u" ein ⁚ darunter.

Als „ä" ein ⁖ darunter.
Als kurzes e ⁚ darunter.

Schreibe ebenso das Wort für „Frieden" – Schalom.

Infokarte:
Schriften: Griechisch

M4

Großbuchstabe	Kleinbuchstabe	Aussprache	Namen
A	α	a	Alpha
B	β	b	Beta
Γ	γ	g	Gamma
Δ	δ	d	Delta
E	ε	e	Epsilon
Z	ζ	z	Zeta
H	η	ä	Eta
Θ	θ	t	Theta
I	ι	i	Iota
K	k	k	Kappa
Λ	λ	l	Lambda
M	μ	m	My
N	ν	n	Ny
Ξ	ξ	x	Xi
O	o	o	Omikron
Π	π	p	Pi
P	ρ	r	Rho
Σ	σ, ς	s	Sigma
T	τ	t	Tau
Y	υ	ü	Ypsilon
Φ	φ	ph	Phi
X	ξ	ch	Chi
Ψ	ψ	ps	Psi
Ω	ω	o	Omega

Aktionskarte:
Griechisch schreiben

M4a

Schreibe deinen Namen.

Schreibe „Christus" in großen Buchstaben: _____

Was heißt das? αββα – _____

Und das? Μαρια – _____

Schreibe weitere Wörter auf und lass jemanden lesen/raten.

Infokarte:
Suchen. Und Finden

M5

Die Bibel-Smart Card

■ Zuerst muss die Smart Card in das CD Laufwerk eingelegt werden. Bitte mit Gefühl die richtige Position ertasten, Beschriftung nach oben.

■ Es erscheint das Titelbild „CD-ROM 12 MB", die „OK"–Stelle anklicken.

■ Jetzt kann man das ganze Programm erkennen: Wichtig ist oben in der Leiste das Feld *Suchbegriff.* Dort wird der gesuchte Text, das Wort oder die Bibelstelle eingegeben und aufgerufen.

■ Es erscheint die Volltextversion mit Querverweisen. Durch *Markieren* und *Bearbeiten – Kopieren* kann der Text an jeder beliebigen Stelle eingefügt werden.

■ Andere Möglichkeiten: Unter *Buch* kann man ins nächste biblische Buch wechseln. Einzelne Verse kann man in die Zwischenablage kopieren und dann ausdrucken. Unter *Suchbegriff* stehen drei Felder für die Vollversion mit Querverweisen (1), Volltext ohne Querverweise (2) und nur die Überschriften (3).

■ Praktisch: Es wird nicht sehr viel Speicherraum benötigt, die CD wird am besten fest installiert.

Eine Wortkonkordanz

■ Die Wortkonkordanz in Buchform hat auch ihre Vorzüge: Sie funktioniert, wenn der PC streikt oder kein Strom verfügbar ist. Sie kann schnell helfen, wenn man nur eine Stelle sucht.

■ *Angegeben* wird ein dick gedrucktes Wort.

■ Darunter steht von links nach rechts die Fundstelle: das Buch, Kapitel und Vers; dazu ein Textauszug von etwa acht Wörtern.

■ Ihr solltet eine Luther-Konkordanz benutzen. Eine Kurzform steht im Anhang eurer Bibel, allerdings ist die für die Übungen zu klein.

Aktionskarte:
Suche! Pflanzen   M5a

Name	Kurztext	Bibelstelle	Wie oft in Bibel?
Schilf	setzte das Kästlein in das Schilf am Ufer des Nils	2 Mose 2,3	8
Rohr	wie das Rohr im Wasser bewegt wird	1 Kön 14,15	18
Dill			
Senf			
Papyrus/Schilfrohr			
Baumwolle			
Gerste			
Brennnessel			
Distel			

Achtung! Nicht alle sind biblisch!

Aktionskarte:
Suche! Früchte   M5b

Name	Kurztext	Bibelstelle	Wie oft in Bibel?
Granatapfel			
Trauben			22
Zitrone			
Wassermelone			
Wein			
Feige	kein Eintrag, nur: *feige*		
Dattel			
Linse			
Erbsen			

Achtung! Nicht alle sind biblisch!

Aktionskarte:
Suche! Bäume

M5c

Name	Kurztext	Bibelstelle	Wie oft in Bibel?
Zeder			
Ulme	Keine Fundstelle		
Eiche			
Mandelbaum			
Platane			
Ebenholzbaum			
Pappel			
Terebinthe	Ich breitete meine Zweige aus wie eine Terebinthe.	Sir 24,22	1
Zypresse			

Achtung! Nicht alle sind biblisch!

Aktionskarte:
Suche! Tiere

M5d

Name	Kurztext	Bibelstelle	Wie oft in Bibel?
Elefant			
Tiger			
Löwe			
Esel			
Kamel			
Ameise	Geh hin zur Ameise, du Fauler, sieh an ihr Tun und lerne von ihr!	Spr 6,6	1
Pferd			
Schwein			
Hund			

Achtung! Nicht alle sind biblisch!

Aktionskarte:
Suche! Speisen   M5e

Name	Kurztext	Bibelstelle	Wie oft in Bibel?
Elefant			
Honig			
Mehl	Eile und menge drei Maß feinstes Mehl, knete und backe Kuchen.	1 Mose 18,6	69
Fisch			
Brot			
Linsengericht			
Mandeln			
Bohnen			
Hirse			
Milch			

Achtung! Nicht alle sind biblisch!

Aktionskarte:
Suche! _____   M5f

Name	Kurztext	Bibelstelle	Wie oft in Bibel?

Infokarte:
Bibelquiz

M6

Spielregeln

Jeder Teilnehmer stellt mindestens eine Aufgabe, bestehend aus einer Frage und vier Antworten. Drei der Antworten sind falsch, hören sich aber glaubhaft an.

Fragt nur, was ihr selbst wisst!

Zur Beantwortung dürfen Konkordanz und CD zurate gezogen werden.

Beispiele

1 Mose 1,31 Und Gott sah an alles, was er gemacht hatte, und siehe,... ?

A. es hätte besser sein können.   B. es war nicht gut.
C. es war sehr gut.   D. er war zufrieden.

Oder:

1 Mose 3, 20 Und Adam nannte seine Frau ... ?

A. Maria   B. Sara
C. Eva   D. Elisabeth

Aktionskarte:
Bibelquiz

M6a

1 Mose 8, 22
Solange die Erde steht, soll nicht aufhören Saat und Ernte, Frost und Hitze,
Sommer und Winter, … ?

A. Tag und Nacht
C. Frühling und Herbst

B. Hell und Dunkel
D. Trauer und Freude

2 Mose 3, 13f.
Mose sprach zu Gott: Siehe, wenn ich zu den Israeliten komme und spreche
zu ihnen: Der Gott eurer Väter hat mich zu euch gesandt!, und sie mir sagen werden:
Wie ist sein Name?, was soll ich ihnen sagen? Gott sprach zu Mose: … ?

A. Ich bin Gott.
C. Ich werde sein, der ich sein werde.

B. Ich bin der Herr.
D. Sage ihnen nichts.

Jesaja 2,4
Da werden sie ihre … ? zu Pflugscharen und ihre Spieße zu Sicheln machen.
Denn es wird kein Volk wider das andere das Schwert erheben, und sie werden hinfort
nicht mehr lernen, Krieg zu führen.

A. Messer
C. Waffen

B. Gewehre
C. Schwerter

Aktionskarte:
Meine Lieblingstexte

M7

Stelle deine eigene „Kurzbibel" her.

Bedenke zuvor: Für wen stellst du die Textsammlung zusammen: Für dich? Deine Eltern?
Zum Verkauf auf dem Weihnachtsbasar der Schule? Welche Texte sind geeignet?

Schreibe die Texte in schöner Schrift (PC oder von Hand) auf leichten Karton (etwa 180 g,
DIN A4). Das fertige Produkt sollte DIN A5 Größe haben, also halb so groß sein wie deine
Hefte.

PC-Schreiber müssen vor dem Druck ihre Seiten einrichten: *Datei – Seite einrichten –
Papierformat – Querformat – Seitenränder – zwei Seiten pro Blatt – ok.* Ohne Computer
geht es schneller: Blätter mit der Schneidemaschine halbieren, schreiben, zeichnen.

Die Titelseite sollte besonders gestaltet/geschmückt sein.

Überlegt, wie ihr eure Bibeln bindet, d.h. zum Buch macht. Mit Spiralbindung? Geklebt?
Gelocht und mit einem schönen Band zusammengebunden?

C Jesus Christus – Durch den Tod zum Leben

S. Hassels

Auf dem Weg zur Passion

Passion

Ostern

Thematisches Stichwort

Kreuz und Auferstehung sind der Mittelpunkt christlichen Glaubens. Die schriftlich frühesten christlichen Aussagen finden sich bei Paulus, im ersten Brief an die Korinther im 15. Kapitel, wo es u.a. heißt (Verse 1–11):

Ich erinnere euch aber, liebe Brüder, an das Evangelium, das ich euch verkündigt habe, das ihr auch angenommen habt, in dem ihr auch fest steht, durch das ihr auch selig werdet, wenn ihr's festhaltet in der Gestalt, in der ich es euch verkündigt habe; es sei denn, dass ihr umsonst gläubig geworden wärt. Denn als Erstes habe ich euch weitergegeben, was ich auch empfangen habe: **Dass Christus gestorben ist für unsre Sünden nach der Schrift** (Jes 53,12); **und dass er begraben worden ist; und dass er auferstanden ist am dritten Tage nach der Schrift** (Hos 6,2); und dass er gesehen worden ist von Kephas (Petrus), danach von den Zwölfen. Danach ist er gesehen worden von mehr als fünfhundert Brüdern auf einmal, von denen die meisten noch heute leben, einige aber sind entschlafen. Danach ist er gesehen worden von Jakobus, danach von allen Aposteln. Zuletzt von allen ist er auch von mir als einer unzeitigen Geburt gesehen worden. Denn ich bin der geringste unter den Aposteln, der ich nicht wert bin, dass ich ein Apostel heiße, weil ich die Gemeinde Gottes verfolgt habe. Aber durch Gottes Gnade bin ich, was ich bin. Und seine Gnade an mir ist nicht vergeblich gewesen, sondern ich habe viel mehr gearbeitet als sie alle; nicht aber ich, sondern Gottes Gnade, die mit mir ist. Es sei nun ich oder jene: so predigen wir und so habt ihr geglaubt.

Eine Bekenntnisschrift, eine Aufforderung zum Glauben, ein Zeugnis tiefen Christusglaubens schreibt Paulus. Das Kreuz, weiß er, ist ein „Skandal": … wir aber predigen den gekreuzigten Christus, den Juden ein Ärgernis (griechisch: skandalon) und den Griechen eine Torheit … (1 Kor 1,23).

Schon in der frühchristlichen Tradition gab es einen *Kreuzweg* in Jerusalem: Die Legende sagt, dass Maria und die Jerusalemer Christengemeinde die Orte der Passion Jesu (Gethsemane, Golgatha, Grab) immer wieder abschritten. Dann wurden Gedenktafeln aufgehängt und von Pilgern besucht. Die Kreuzzüge wurden unternommen, um das Heilige Land, aber vor allem das Grab Jesu und diese Kreuzwegstationen zu befreien. Über Franz von Assisi, die Franziskaner und die Tradition wurden Kreuzwege Teil abendländischer Volksfrömmigkeit. Zuerst gab es acht Stationen, später mehr, in der Lateinamerikanischen Frömmigkeit fünfzehn (s. Hungertuch 1992 von Esquivel). In katholischen Kirchen findet man vierzehn Stationen, meistens an den Seiten des Langschiffs.

Die *Kreuzwegstexte* dieses Kapitels sind den Evangelien entnommen. Es handelt sich um Erzähltexte, die teilweise Parallelen haben, teilweise aber auch Einzelüberlieferungen sind. Für die Sch ist es wichtig zu erfahren, dass es sich hier um Glaubensaussagen der Evangelisten, d.h. der glaubenden Christenheit handelt. Es sind Texte, die fast 2000 Jahre lang gelesen und vorgelesen wurden, gemalt und gesungen, gebetet und gepredigt. Sie erinnern die Menschen an das Leiden und Sterben Jesu von Nazareth, aber auch an die Auferstehung des Christus, des Gesalbten.

Für unsere Sch können die Stationen und ihre Texte, Bilder und Musik Anlass sein, über Streit und Versöhnung, Krieg und Frieden, Neid und Angst nachzudenken und in der Trauer des Passionsgeschehens und der Freude des Ostergeschehens eigene Erfahrungen von Trauer und Freude zu erkennen. (s.a. *Religionsunterricht praktisch 6,* S. 59–61)

2. Kompetenzen

Die Schülerinnen und Schüler
- wissen, dass Kreuz und Auferstehung das Zentrum christlichen Glaubens sind,
- sind in der Lage Passions- und Auferstehungstexte mit allen Sinnen zu erleben,
- kennen „Fasten-" und „Ostererfahrungen".

3. Literatur zum Thema

Baudler, Georg: Das Kreuz: Geschichte und Bedeutung, Düsseldorf 1997

Berg, Horst Klaus: So lebten die Menschen zur Zeit Jesu, Stuttgart 1996 (Freiarbeitsmaterial)

Biehl, Peter (Hg.): Jesus Christus in Lebenswelt und Religionspädagogik, Jahrbuch der Religionspädagogik, Neukirchener Verlag, Neukirchen – Vluyn 1999

Büttner, Gerhard (Hg.): Trug Jesus Sandalen? Kinder und Jugendliche sehen Jesus Christus, Verlag Vandenhoeck & Ruprecht, Göttingen 2001

Gruber, Siegfried: Christusbilder. Zwischen Tradition und Provokation. Folien, Farbbilder, Erklärungen, Religionspädagogisches Seminar der Diözese Regensburg 1997

Karrer, Martin: Jesus Christus im Neuen Testament, Verlag Vandenhoeck & Ruprecht 1998

Kirchhoff, Ilka (Hg.): Jesus Christus, Arbeitshilfe OS Loccum, Loccum 1995

Kuhl, Lena und Döpking, Antje: Passion und Ostern. Mit Materialien für die freie Arbeit. Arbeitshilfen für die Grundschule 3, Loccum 1995

Kruhöffer, Gerald: Das Kreuz wird nicht geliebt ... Loccumer Pelikan 1/93

Lachmann, Rainer: Kreuz/Kreuzigung Jesu in Lachmann, Rainer u.a. (Hg.): Theologische Schlüsselbegriffe. Biblisch – systematisch – didaktisch, Vandenhoeck & Ruprecht Göttingen 1999, S.202ff.

Theißen, Gerd: Der historische Jesus. Ein Lehrbuch, Göttingen 1996

Weder, Hans: Das weltliche Rätsel und das göttliche Geheimnis der Auferweckung Jesu. Monatsschrift für Wissenschaft und Praxis in Kirche und Gesellschaft 3/98

4. Orientierungsseite

Wo können *welche* Freiarbeitselemente was leisten?

Phase	Inhalte	FA-Elemente	FA-Materialien
Einstieg	Der Passionsweg vom Einzug in Jerusalem bis zum Weg nach Emmaus	Abschreiten eines Lernweges, Überblick und grobe Orientierung	**M1** bis **M8**: Rechercheaufgaben
Erarbeitung 1	Anerkennung und Hosianna bei Jesu Einzug in Jerusalem (Mk 11,1–10)	Gemeinsam Erfahrungen machen mit „ZuNeigung"	**M1a–c:** „Sieben Wochen ohne" Handlungsorientierte Recherche
Erarbeitung 2	Der Höchste als Niedriger: Die Fuß-waschung (Joh 13, 1–17)	In „Augen-Blicken" den Anderen sehen und solche Situationen wahrnehmen	**M2 a–c:** Das Hungertuch 2002 von El Loko, Togo
Erarbeitung 3	Das drohende Unheil: Das Abendmahl (Mk 14, 12–25 par.)	Mit Farben zu Texten kommen: Schreib los! Brot und Wasser schmecken	**M3a–c:** Aktionskarten Weiß-Schwarz-Worte Gemeinschaftsmahl
Erarbeitung 4	Von Freunden im Stich gelassen: Jesus betet in Gethsemane (Mk 14, 32–42)	Durch Klangbilder mit Orff-Instru-menten Angst dar-stellen; Blind Sein	**M4a–c:** Aktionskarten Angst in der Musik und im Nicht-Sehen
Erarbeitung 5	Von Freunden verraten: Verleugnung des Petrus (Mk 14, 66–72)	Bildbetrachtung	**M5a–c:** Aktionskarten Bild nachstellen, Denk-Mal!, Rollenspiel
Erarbeitung 6	Leiden und Tod: Verurteilung, Kreuzigung und Tod (Mk 15)	Bilder lesen und umsetzen	**M6a–c:** Aktionkarten Rollenspiel oder Schreib-Los-Aktion zum Thema Spott, Kreuzbilder
Erarbeitung 7	Das Unbegreifliche: Die Auferstehung (Mk 16, 1–8)	„Ostern" begreifen	**M7a–c:** Aktionskarten Kreatives Schreiben, Empathie-Übungen
Erarbeitung 8	Er – lebt! Emmaus (Lk 24, 13–35)	Fußspuren und das Symbol des Samenkorns deuten	**M8a–c:** Aktionskarten sehen und säen, schauen und gehen, vielfache Frucht bringen
Ergebnissicherung	Die Gruppen zeigen ihre Texte und Bilder, berichten von ihren Erfahrungen; bauen einen Kreuzweg auf	Arbeitsteilige Recherche; Produkte bearbeiten, illustrieren, ausstellen und zeigen	Infokarten **M1–8** und alle bzw. ausgewählte Sch Arbeiten Infokarte **M9**

5. Erläuterungen zu den Freiarbeitsvorschlägen

Acht Stationen werden in diesem Kapitel vorgestellt. Man kann sie mit der Lerngruppe der Reihe nach bearbeiten, wie man einen Weg gemeinsam geht. Das hat allerdings mit Freiarbeit nicht viel zu tun. Man kann aber auch die Sch wählen lassen, welche Station sie bearbeiten möchten. Das setzt voraus, dass die Stationen vorgestellt werden (z.B. mit je einem exemplarischen Bild und dem dazu gehörenden biblischen Text). Die Lerngruppe kann sich in acht Teams aufteilen nach der Zahl der hier vorgestellten Stationen. Denkbar sind auch drei Gruppen: die *Gruppe A* bearbeitet den Einzug in Jerusalem, die Fußwaschung und das Abendmahl; die *Gruppe B* Petrus' Verleugnung, die Verspottung und die Kreuzigung; die *Gruppe C* das leere Grab und die Emmausgeschichte. In einer Schlussphase erarbeiten dann die Gruppen zusammen eine Präsentation ihrer Ergebnisse.

Der Einzug in Jerusalem

M1a verweist auf die Fasten- und Passionsaktion der Evangelischen Kirche. Regelmäßig werden Kalender herausgegeben, die von Aschermittwoch bis Ostermontag 48 Tage lang „Freundinnen und Freunde" begleiten. So heißt es z.B. im Kalender „zuNeigung" von 2002 zum ersten Tag: „Wenn ich nur noch eine kurze Zeit zu leben hätte, wie würde ich diese Zeit ausfüllen?" Die Antworten lauten u.a.: zufriedener sein – Mit Familie und Freunden Schönes erleben – Gottes Nähe suchen – Jeden Tag intensiv leben.

Der Kalender „Lebens t räume" von 2003 beginnt mit „erneuern" und „keine Angst": „Fangen wir also an, aufzu-RÄUMEN und weiter zu TRÄUMEN."

Von Bildern über Gedichte, Prosa, Anleitungen zum meditativen Lesen – eine Fundgrube für Unterrichtsmaterial. Der Fastenkalender kostet € 2,50, Einzelexemplare werden kostenlos abgegeben mit der Bitte um eine Spende.

Infos über *www.7-wochen-ohne.de* oder Hephata-Reha-Werkstatt, Aktion „7 Wochen Ohne", Postfach 1307, 34603 Schwalmstadt-Treysa; Telefon 06691-919262

M1b lädt dazu ein, die vielleicht in den Ferien erlebte Palmweihung auf eigenes Handeln zu beziehen. Übrigens gibt es in der Nicolaikirche in Leipzig am Palmsonntag einen Umzug um die Kirche mit Palmwedeln, Beten und Gesang. Was gibt es in der Gemeinde vor Ort? Die Sch können recherchieren.

M1c kann das Hosianna des Einzugs unterstreichen, die Anerkennung der Menschen, ihren Jubel für den Wunderheiler oder Star. Dieses Bild wird schon im Klassenraum ausgestellt.

Alle Bilder dieser und der folgenden Stationen werden gesammelt, weil sie für den Kreuzweg (Ergebnissicherung) gebraucht werden.

Die Fußwaschung

M2a Vielleicht ist das Hungertuch 2002 „Augen-Blicke" von El Loko aus Togo in der Schule vorhanden oder es kann bei der Kirchengemeinde ausgeliehen werden. Bestellen kann man es bei Misereor Medien, Postfach 1450, 52015 Aachen oder E-Mail: info@eineweltmvg.de. Das kleine Hungertuch gibt es (leider nur noch) als Kunstdruck € 6.–, weitere Materialien können erfragt werden.

Auf den ersten Blick finden die Sch wenig, 32 Gesichter, die alle verschieden sind: staunend, traurig, entsetzt usw. Hinweisen kann man auf die Zeichen, die sich in den Gesichtern verbergen. Die Sch sammeln ihre Beobachtungen und versuchen sie kreativ umzusetzen. Was hat das Ganze mit mir zu tun? „Frieden ist TATsache" heißt es im Prospekt von Misereor – also tut was!

M2b Wenn die Sch „von einem, der was tut" erzählen sollen, dann sind das häufig Geschichten, die sie von sich selbst erzählen. L sollte deshalb nur solche Sch vortragen lassen, die das auch wollen.

M2c s. **M1c**

Das Letzte Abendmahl

M3a Etwas „schwarz-weiß" malen heißt: es verfremden, unwahrscheinlich, unheimlich machen. Das soll über die Farbsammlung verdeutlicht werden. Im Abendmahl steckt schon das drohende Unheil, der Verrat des Judas, die Abschiedsworte Jesu.

M3b Das Gemeinschaftsmahl soll nicht das kirchliche Abendmahl oder die Messfeier in die Schule holen. Wasser und Brot signalisieren die Schlichtheit des Geschehens, vielleicht denken die Sch dabei sogar an die Rede von „bei Wasser und Brot" als Strafe, Gefängnis u.ä.

M3c s. **M1c**

Jesus in Gethsemane

M4a Diese Aktion kann vielleicht fächerübergreifend mit der Fachkraft Musik erfolgen.

Selbst erdachte Musikinstrumente können auch leises Klopfen mit den Fingerspitzen auf die Tischplatte sein, gesummte „uhuhu"-Laute, vorsichtiges Scharren mit den Füßen. Der Phantasie sind keine Grenzen gesetzt, nur albern darf es nicht werden.

M4b Das Blind-Sein macht dem Menschen Angst, weil er seine Umwelt nicht oder nur teilweise identifizieren kann. Angsterfahrungen sind den Sch wohl bekannt, werden aber selten thematisiert. Gleichzeitig ist dieses Spiel ein Vertrauensspiel, weil der Blinde sich darauf verlassen kann und muss, dass er sich nicht verletzt.

M4c s. **M1c**

Petrus verleugnet Jesus

M5a Zugrunde liegt der Holzschnitt „Petrus und der schreiende Hahn" von Walter Habdank. Wenn kein Bild zur Verfügung gestellt werden kann, arbeiten die Sch mit der Umrissskizze, die als Infokarte beigefügt ist. Das *Denk-Mal* soll die Sch herausfordern, die Situation des Petrus nachzuempfinden. Das Malen der „Statue" ist als Festigung gedacht.

M5b Das Rollenspiel erweitert die Situation: Die Sch kennen das schlechte Gewissen, wenn ein Freund vor anderen schlecht gemacht wurde, wenn einem nicht geholfen wurde. Wie hätte sich Petrus verhalten sollen? Vielleicht erweitern sie das Spiel.

M5c s. **M1c**

Jesus vor Pilatus: Verurteilung und Verspottung Kreuzigung und Tod

M6a Zugrunde liegt eine Zeichnung „Verspottung", die als Infoblatt (Deckblatt kopieren!) zur Verfügung gestellt werden kann. Denkbar ist auch, mit der „Verspottung" von Otto Lange, mit „Die graue Passion" von Hans Holbein oder anderen künstlerischen Darstellungen zu arbeiten. Das Verspotten ist den Sch bekannt: Sie werden die Rollenspielszene mit eigenen Erfahrungen anreichern. Aber auch die Schreib-Los-Geschichte wird emotionale Elemente enthalten. Sie sollte daher nur vorgelesen werden, wenn der Sch das auch möchte.

M6b Den Kreuzbildern von Alexej von Jawlensky (1864–1941; als Leidender und Sterbender malte er Gesichter, die das „Kreuz" abbilden) ist die *Grundform* nachempfunden: Gesichter mit Mund, Nase, Augen und Augenbrauen. Sie sollen von den Sch mit Farben gefüllt werden. Die Sch können fröhliche, traurige oder ernste Gesichter malen und dazu Gedichte oder Gebete schreiben.

Außerdem können Kreuzigungsbilder aus der Folienmappe Regensburg (s. Literaturliste) verwendet werden (45 A und B: Grünewald; 48: Litzenburger).

M6c s. **M1c**

Auferstehung

M7a Zugrunde liegt die Zeichnung „Schutzmantel-Christus" von Roland P. Litzenburger. Die Umrisszeichnung auf der Aktionskarte ermöglicht es Sch, eigene Gedanken kreativ festzuhalten. Eine vergrößernde eigenständige Übertragung durch die Sch

wäre wünschenswert. Dann kann das „Ausmalen" als Gruppenprozess zusätzliche Dynamik gewinnen.

Auch Grünewalds Auferstehungsbild (Regensburger Folien Nr. 21) bietet sich zur Auseinandersetzung mit Auferstehung an: Das Bild kann „erzählt" werden aus der Perspektive eines Soldaten, der Frauen, der Jünger.

M7b Das Sammeln vielfältiger Osterbräuche, Erfahrungen und Bilder kann umgesetzt werden in „Ostergefühle": Freude, Halleluja, Ende der Fastenzeit.

Sch können eigene Gedichte schreiben: Ostern – Osterhase – Ostereier – Osterferien – Osterspaziergang – Osterfeuer – All das gibt es. All das hat mit Ostern zu tun. Osterglocken – Ostersonntag – Osterkerzen – Osterfreude – Osterlieder – Osterlicht – Der Anfang von Ostern war bei Jesus – bei Jesus Christus – Ostern begann vor 2000 Jahren (Carin Eickhoff)

(Für jeden Spiegelstrich eine neue Reihe)

M7c s. **M1c**

Emmaus

M8a Zugrunde liegt der Holzschnitt „Der Gang nach Emmaus" von Schmitt-Rottluff. Eine Umriss-Nachzeichnung kann als Infoblatt bereitgestellt werden.

Der Weg *nach Emmau*s ist getragen von Trauer, deshalb sollten die gewählten Farben kalte sein. Hierzu passt auch traurige, getragene Musik: auf dem CD-Player: Händel, Messias oder Johann Sebastian Bach oder Heinrich Schütz.

Der Weg *von Emmaus* nach Jerusalem ist gekennzeichnet von Freude, die Farben sind hell und warm. Musikalische Untermalung kann das Lied „Eine freudige Nachricht breitet sich aus" (Martin Gotthard Schneider, Sieben Leben möchte ich haben) sein oder „Christ ist erstanden" EG 99 oder „Er ist erstanden, Halleluja" EG 116.

Die genannten Lieder werden von Sch gern gesungen. Musikalisch gut motivierte Arbeitsgruppen lernen den Psalm „Hätte ich Flügel der Morgenröte" (Text und Ton bei W+M Pusch).

M8b Ostergras aus quietschgelben Holzspänen ist nichts im Vergleich zu echtem, frischem Ostergras – und das besteht traditionellerweise aus Weizensaat, die im Warmen gezogen wird. Schneller wächst Senfsaat, beides braucht regelmäßiges Besprühen und vorsichtiges Gießen. Die Saat darf nicht trocken werden.

M8c s. **M1c**

M9 Der Kreuzweg wird eine Gemeinschaftsaktion: Alle Sch sollen mit eingebunden werden. Was könnte motivierender sein als die Aufmerksamkeit der Sch, L, Eltern der Schule oder anderer Schulen oder ein Bericht in der örtlichen Zeitung!

Infokarte:
Der Einzug in Jerusalem Markus 11,1–11   M1

Und als sie in die Nähe von Jerusalem kamen, nach Betfage und Betanien an den Ölberg, sandte er zwei seiner Jünger und sprach zu ihnen:

Geht hin in das Dorf, das vor euch liegt. Und sobald ihr hineinkommt, werdet ihr ein Füllen angebunden finden, auf dem noch nie ein Mensch gesessen hat; bindet es los und führt es her!

Und wenn jemand zu euch sagen wird: Warum tut ihr das?, so sprecht: Der Herr bedarf seiner, und er sendet es alsbald wieder her.

Und sie gingen hin und fanden das Füllen angebunden an einer Tür draußen am Weg und banden's los.

Und einige, die dort standen, sprachen zu ihnen: Was macht ihr da, dass ihr das Füllen losbindet?

Sie sagten aber zu ihnen, wie ihnen Jesus geboten hatte, und die ließen's zu.

Und sie führten das Füllen zu Jesus und legten ihre Kleider darauf, und er setzte sich darauf.

Und viele breiteten ihre Kleider auf den Weg, andere aber grüne Zweige, die sie auf den Feldern abgehauen hatten.

Und die vorangingen und die nachfolgten, schrien: Hosianna! Gelobt sei, der da kommt in dem Namen des Herrn!

Gelobt sei das Reich unseres Vaters David, das da kommt! Hosianna in der Höhe!

Und Jesus ging hinein nach Jerusalem in den Tempel und er besah ringsum alles, und spät am Abend ging er hinaus nach Betanien mit den Zwölfen.

Aktionskarte:
Sieben Wochen ohne   M1a

In der *katholischen* Kirche ist es Tradition, von Aschermittwoch bis Ostern eine Fastenzeit zu halten. Verzichtet wird auf Süßigkeiten, Feste und Feiern.

Die Fastenaktion der *evangelischen* Kirche lädt dazu ein, selbst – meistens in Gruppen – zu überlegen, wie man das Fasten durchführen möchte: z.B. „7 Wochen ohne Streit" oder „7 Wochen ohne Fernsehen", dafür aber mit Spielen in der Familie oder Gesprächen mit Freunden.

Überlegt, was für euch sinnvoll wäre.

7 Wochen ohne _____

Aber dafür werde ich _____

Besprecht eure Pläne in der Kleingruppe.

Aktionskarte:
Palmwedel   M1b

Palmarum, der Sonntag vor Ostern, wurde früher mit Palmen-prozessionen und der Weihe der Palmzweige begangen in Erinnerung an Jesu Einzug in Jerusalem. Noch heute bastelt man vor allem im süddeutschen Raum Palmwedel oder -stöcke, die kunst-voll mit Bändern verziert werden.

Zeichne einen Palmwedel oder benutze die Vorlage: Angesichts der Ankunft des Gottessohns – was tust du, damit er sich bei dir wohl fühlt? Schreibe es auf deinen Palmenwedel.

Aktionskarte:
Mein Bild vom Einzug in Jerusalem   **M1c**

Zeichne so, dass die Betrachter erkennen können,

◼ was die Jünger gemacht, gesagt, gedacht haben (**Sprech- und Denkblasen!**),

◼ was die anderen Menschen gemacht, gesagt, gedacht haben (**Sprech- und Denkblasen!**),

◼ wie Jesus sich gefühlt hat (**Denkblase!**).

Beispiele: „Heiß heute!" – „Was will der bei uns?" – „Vielleicht ein großer Zauberer!" –
„Wir hätten lieber zu Hause bleiben sollen." – „Endlich bekommt Jesus den Empfang,
den er verdient" usw.

Infokarte:
Die Fußwaschung (Johannes 13,1–17)   M2

Vor dem Passafest aber erkannte Jesus, dass seine Stunde gekommen war, dass er aus dieser Welt ginge zum Vater; und wie er die Seinen geliebt hatte, die in der Welt waren, so liebte er sie bis ans Ende.

Und beim Abendessen, als schon der Teufel dem Judas, Simons Sohn, dem Iskariot, ins Herz gegeben hatte, ihn zu verraten,

– Jesus aber wusste, dass ihm der Vater alles in seine Hände gegeben hatte und dass er von Gott gekommen war und zu Gott ging –

da stand er vom Mahl auf, legte sein Obergewand ab und nahm einen Schurz und umgürtete sich.

Danach goss er Wasser in ein Becken, fing an, den Jüngern die Füße zu waschen, und trocknete sie mit dem Schurz, mit dem er umgürtet war.

Da kam er zu Simon Petrus; der sprach zu ihm: Herr, solltest du mir die Füße waschen?

Jesus antwortete und sprach zu ihm: Was ich tue, das verstehst du jetzt nicht; du wirst es aber hernach erfahren.

Da sprach Petrus zu ihm: Nimmermehr sollst du mir die Füße waschen! Jesus antwortete ihm: Wenn ich dich nicht wasche, so hast du kein Teil an mir.

Spricht zu ihm Simon Petrus: Herr, nicht die Füße allein, sondern auch die Hände und das Haupt!

Spricht Jesus zu ihm: Wer gewaschen ist, bedarf nichts, als dass ihm die Füße gewaschen werden; denn er ist ganz rein. (…)

Als er nun ihre Füße gewaschen hatte, nahm er seine Kleider und setzte sich wieder nieder und sprach zu ihnen: Wisst ihr, was ich euch getan habe?

Ihr nennt mich Meister und Herr und sagt es mit Recht, denn ich bin's auch.

Wenn nun ich, euer Herr und Meister, euch die Füße gewaschen habe, so sollt auch ihr euch untereinander die Füße waschen.

Ein Beispiel habe ich euch gegeben, damit ihr tut, wie ich euch getan habe.

Wahrlich, wahrlich, ich sage euch: Der Knecht ist nicht größer als sein Herr und der Apostel nicht größer als der, der ihn gesandt hat.

Wenn ihr dies wisst – selig seid ihr, wenn ihr's tut.

Aktionskarte:
Hungertuch „Augen-Blicke"   M2a

Schau dir das Hungertuch lange an.

Suche das Kreuz,
den Baum, die Taube,
die Schlange,
die Eidechse ...

Dann schreibe auf,
was dir wichtig ist.

Suche dir Partner, die
mit dir Aktionstheater
praktisch erproben:

Dem andern ins
Gesicht sehen –
das Gesicht lesen
wie eine Botschaft.

Aktionskarte:
Und was tust du?   M2b

T. Aumüller

Jesus wusch den Jüngern die Füße – das war die Arbeit eines Unter-gebenen.

Schreib los und erzähle die Geschichte von einem, der für einen anderen, den er gar nicht so mag, etwas tut, was ihm schwer fällt ...

Aktionskarte:
Mein Bild von der Fußwaschung   M2c

Zeichne so, dass die Betrachter erkennen können,

■ was die Jünger gemacht, gesagt, gedacht haben (**Sprech- und Denkblasen!**),

■ wie Jesus sich gefühlt hat (**Denkblase!**).

Beispiele: „Wie peinlich!" – „Hoffentlich verstehen sie, was ich tue." – „Ist das jetzt sein Abschiedsgeschenk?"

Infokarte:
Das Abendmahl (Markus 14,12–25) M3

Und am ersten Tage der Ungesäuerten Brote, als man das Passalamm opferte, sprachen seine Jünger zu ihm: Wo willst du, dass wir hingehen und das Passalamm bereiten, damit du es essen kannst?

Und er sandte zwei seiner Jünger und sprach zu ihnen: Geht hin in die Stadt, und es wird euch ein Mensch begegnen, der trägt einen Krug mit Wasser; folgt ihm

und wo er hineingeht, da sprecht zu dem Hausherrn: Der Meister lässt dir sagen: Wo ist der Raum, in dem ich das Passalamm essen kann mit meinen Jüngern?

Und er wird euch einen großen Saal zeigen, der mit Polstern versehen und vorbereitet ist; dort richtet für uns zu.

Und die Jünger gingen hin und kamen in die Stadt und fanden's, wie er ihnen gesagt hatte, und bereiteten das Passalamm.

Und am Abend kam er mit den Zwölfen.

Und als sie bei Tisch waren und aßen, sprach Jesus: Wahrlich, ich sage euch: Einer unter euch, der mit mir isst, wird mich verraten.

Und sie wurden traurig und fragten ihn, einer nach dem andern: Bin ich's?

Er aber sprach zu ihnen: Einer von den Zwölfen, der mit mir seinen Bissen in die Schüssel taucht.

Der Menschensohn geht zwar hin, wie von ihm geschrieben steht; weh aber dem Menschen, durch den der Menschensohn verraten wird! Es wäre für diesen Menschen besser, wenn er nie geboren wäre.

Und als sie aßen, nahm Jesus das Brot, dankte und brach's und gab's ihnen und sprach: Nehmet; das ist mein Leib.

Und er nahm den Kelch, dankte und gab ihnen den; und sie tranken alle daraus.

Und er sprach zu ihnen: Das ist mein Blut des Bundes, das für viele vergossen wird.

Wahrlich, ich sage euch, dass ich nicht mehr trinken werde vom Gewächs des Weinstocks bis an den Tag, an dem ich aufs Neue davon trinke im Reich Gottes.

Aktionskarte:
Schwarz-weiß   M3a

Die liturgische Farbe für den so genannten Gründonnerstag, d.h. den Donnerstag vor Ostern, ist weiß. „Weiß" und „Schwarz" sind eigentlich keine Farben, sagt der Wissenschaftler. Und doch verbinden wir vieles damit. Sammle Worte und Sätze, die du mit Weiß bzw. Schwarz verbindest.

weiß	schwarz
Hochzeitskleid	Trauerkleidung

Schreib los! Mache aus deinen Wörtern eine Geschichte.

Aktionskarte:
Ein Gemeinschaftsmahl feiern   M3b

Plant ein Gemeinschaftsmahl für die Klasse. Macht euch eine Liste:

Was muss bedacht werden? _____

Was muss gekauft werden? _____

Was kann mitgebracht oder selbst angefertigt werden? _____

Wie soll das Fest verlaufen? _____

Aktionskarte:
Mein Bild vom Abendmahl   M3c

Zeichne so, dass die Betrachter erkennen können,

■ was die Jünger gemacht, gesagt, gedacht haben (**Sprech- und Denkblasen!**),

■ wie Jesus sich gefühlt hat (**Denkblase!**).

Beispiele: „Wenn sie wüssten, wie groß meine Angst ist!" –
„Warum spricht er vom Abschied?" – „Keiner von uns würde ihn je verraten!"

Infokarte:
Jesus in Gethsemane (Markus 14,32–42)   M4

Und sie kamen zu einem Garten mit Namen Gethsemane. Und er sprach zu seinen Jüngern: Setzt euch hierher, bis ich gebetet habe.

Und er nahm mit sich Petrus und Jakobus und Johannes und fing an zu zittern und zu zagen

und sprach zu ihnen: Meine Seele ist betrübt bis an den Tod; bleibt hier und wachet!

Und er ging ein wenig weiter, warf sich auf die Erde und betete, dass, wenn es möglich wäre, die Stunde an ihm vorüberginge,

und sprach: Abba, mein Vater, alles ist dir möglich; nimm diesen Kelch von mir; doch nicht, was ich will, sondern was du willst!

Und er kam und fand sie schlafend und sprach zu Petrus: Simon, schläfst du? Vermochtest du nicht, eine Stunde zu wachen?

Wachet und betet, dass ihr nicht in Versuchung fallt! Der Geist ist willig; aber das Fleisch ist schwach.

Und er ging wieder hin und betete und sprach dieselben Worte

und kam zurück und fand sie abermals schlafend; denn ihre Augen waren voller Schlaf, und sie wussten nicht, was sie ihm antworten sollten.

Und er kam zum dritten Mal und sprach zu ihnen: Ach, wollt ihr weiter schlafen und ruhen? Es ist genug; die Stunde ist gekommen. Siehe, der Menschensohn wird überantwortet in die Hände der Sünder.

Steht auf, lasst uns gehen! Siehe, der mich verrät, ist nahe.

Aktionskarte:
Orff Instrumente: Angst!   M4a

Gibt es in eurer Schule Orff Instrumente, die ihr ausleihen dürft? Fragt nach Holz Xylophonen, Trommeln über die man einen Pullover legen kann – das gibt einen besonders dumpfen Ton. Findet ihr noch andere Instrumente?

Alternativ kann man auch traurige Töne erzeugen, indem man mit der Stimme Klänge malt, z.B. ein tiefes *wumm-wumm*. Probiert verschiedene Klänge.

Ihr solltet sehr langsam spielen oder summen. Denkt dabei an die Angst, die jemand hat, wenn seine Freunde ihn in der Not allein lassen – wenn sie schlafen …

Wie habt ihr euch gefühlt? Als Schlafender? Als allein Gelassener?

Aktionskarte:
Blind! – Ein Spiel   M4b

Verbindet einem Mitschüler (der das will!) die Augen. Er kann nichts sehen.

Die anderen gehen so leise durch den Raum, dass er sie nicht hören kann.

Vorsichtig wird er angepustet, jemand stellt ihm einen Gegenstand in den Weg (aufpassen, dass er sich nicht weh tut), unverständliche Laute werden geflüstert … Lasst euch Verschiedenes einfallen.

Nach zwei Minuten ist Schluss.

Der Blinde erzählt, wie er sich gefühlt hat.

Aktionskarte:
Mein Bild von Jesus in Gethsemane   M4c

Zeichne so, dass die Betrachter erkennen können,

■ was Jesus sagt und wie er sich fühlt, als er seine Freunde beim Schlafen ertappt,

■ wie die Jünger sich fühlen oder was sie sagen, als er sie weckt.
   (Sprech- und Denkblasen!)

Beispiele: „Merken sie denn nicht, wie schlecht es mir geht?" – „Ich habe doch nur kurz mal die Augen zugemacht …" – „Keine Ahnung, wie das passieren konnte!"

Infokarte:
Die Ankündigung der Verleugnung des Petrus   M5/I
(Markus 14,26–31)

Und als sie den Lobgesang gesungen hatten, gingen sie hinaus an den Ölberg.

Und Jesus sprach zu ihnen: Ihr werdet alle Ärgernis nehmen; denn es steht geschrieben: „Ich werde den Hirten schlagen, und die Schafe werden sich zerstreuen." (Sacharja 13,7)

Wenn ich aber auferstanden bin, will ich vor euch hingehen nach Galiläa.

Petrus aber sagte zu ihm: Und wenn sie alle Ärgernis nehmen, so doch ich nicht!

Und Jesus sprach zu ihm: Wahrlich, ich sage dir: Heute, in dieser Nacht, ehe der Hahn zweimal kräht, wirst du mich dreimal verleugnen.

Er aber redete noch weiter: Auch wenn ich mit dir sterben müsste, werde ich dich nicht verleugnen! Das Gleiche sagten sie alle.

Die Verleugnung des Petrus (Markus 14,66–72)

Und Petrus war unten im Hof. Da kam eine von den Mägden des Hohenpriesters; und als sie Petrus sah, wie er sich wärmte, schaute sie ihn an und sprach: Und du warst auch mit dem Jesus von Nazareth.

Er leugnete aber und sprach: Ich weiß nicht und verstehe nicht, was du sagst. Und er ging hinaus in den Vorhof, und der Hahn krähte.

Und die Magd sah ihn und fing abermals an, denen zu sagen, die dabeistanden: Das ist einer von denen.

Und er leugnete abermals. Und nach einer kleinen Weile sprachen die, die dabeistanden, abermals zu Petrus: Wahrhaftig, du bist einer von denen; denn du bist auch ein Galiläer.

Er aber fing an, sich zu verfluchen und zu schwören: Ich kenne den Menschen nicht, von dem ihr redet.

Und alsbald krähte der Hahn zum zweiten Mal. Da gedachte Petrus an das Wort, das Jesus zu ihm gesagt hatte: Ehe der Hahn zweimal kräht, wirst du mich dreimal verleugnen. Und er fing an zu weinen.

Infokarte:
Petrus und der schreiende Hahn   M5/II

Umrisszeichnung nach einem Holzschnitt von Walter Habdank

Aktionskarte:
Denk-Mal!   M5a

Nehmt das Bild von Walter Habdank / betrachtet die Umrissskizze. Schaut es euch lange an, „lest" es.

Überlegt, wie ihr das Bild darstellen könnt: Ein/e Schüler/in ist der Hahn, eine/r ist Petrus.

Ihr müsst sie jetzt so aufbauen, dass sie für euch genau die Situation darstellen: Petrus leugnet, er behauptet Jesus nicht zu kennen, der Hahn kräht, wütend?

Stellt ein Denk-Mal auf. Was empfindet ihr? Was empfindet Petrus?

Skizziert das Denkmal.

Aktionskarte:
Rollenspiel   M5b

Verteilt die Rollen: Die Magd, die Soldaten, der Petrus, der Hahn.

Überlegt, wer was sagt, wer fragt, wer laut spricht, wer leise.

Spielt die Szene.

Wie habt ihr euch gefühlt?

Aktionskarte:
Mein Bild von der Verleugnung des Petrus!   M5c

Male die Verleugnungsszene so, als ob Jesus und die Jünger Augen- oder Ohrenzeugen wären.

■ Wo stehen die einzelnen Personen? Was tun sie gerade?

■ Was denken oder sagen sie?

■ Wie fühlt sich Jesus, wie fühlt sich Petrus? (**Sprech- und Denkblasen!**)

Beispiele: „Ich weiß: Du hast Angst, Petrus." – „Und der wollte mutiger sein als wir alle!" – „Da kräht der Hahn…! Ich ertrage es nicht!"

Infokarte:
Jesus vor Pilatus (Markus 15,1–5)   M6/I

Und alsbald am Morgen hielten die Hohenpriester Rat mit den Ältesten und Schriftge-lehrten und dem ganzen Hohen Rat, und sie banden Jesus, führten ihn ab und über-antworteten ihn Pilatus.

Und Pilatus fragte ihn: Bist du der König der Juden? Er aber antwortete und sprach zu ihm: Du sagst es.

Und die Hohenpriester beschuldigten ihn hart.

Pilatus aber fragte ihn abermals: Antwortest du nichts? Siehe, wie hart sie dich ver-klagen!

Jesus aber antwortete nichts mehr, sodass sich Pilatus verwunderte.

Infokarte:
Jesu Verurteilung und Verspottung (Markus 15,6–20)   **M6/II**

Er pflegte ihnen aber zum Fest einen Gefangenen loszugeben, welchen sie erbaten.

Es war aber einer, genannt Barabbas, gefangen mit den Aufrührern, die beim Aufruhr einen Mord begangen hatten.

Und das Volk ging hinauf und bat, dass er tue, wie er zu tun pflegte.

Pilatus aber antwortete ihnen: Wollt ihr, dass ich euch den König der Juden losgebe?

Denn er erkannte, dass ihn die Hohenpriester aus Neid überantwortet hatten.

Aber die Hohenpriester reizten das Volk auf, dass er ihnen viel lieber den Barabbas losgebe.

Pilatus aber fing wiederum an und sprach zu ihnen: Was wollt ihr denn, dass ich tue mit dem, den ihr den König der Juden nennt?

Sie schrien abermals: Kreuzige ihn!

Pilatus aber sprach zu ihnen: Was hat er denn Böses getan? Aber sie schrien noch viel mehr: Kreuzige ihn!

Pilatus aber wollte dem Volk zu Willen sein und gab ihnen Barabbas los und ließ Jesus geißeln und überantwortete ihn, dass er gekreuzigt werde.

Die Soldaten aber führten ihn hinein in den Palast, das ist ins Prätorium, und riefen die ganze Abteilung zusammen

und zogen ihm einen Purpurmantel an und flochten eine Dornenkrone und setzten sie ihm auf

und fingen an, ihn zu grüßen: Gegrüßet seist du, der Juden König!

Und sie schlugen ihn mit einem Rohr auf das Haupt und spien ihn an und fielen auf die Knie und huldigten ihm.

Und als sie ihn verspottet hatten, zogen sie ihm den Purpurmantel aus und zogen ihm seine Kleider an.

Infokarte:
Jesu Kreuzigung und Tod (Markus 15,20–41)   M6/III

Und sie führten ihn hinaus, dass sie ihn kreuzigten.

Und zwangen einen, der vorüberging, mit Namen Simon von Kyrene, der vom Feld kam, den Vater des Alexander und des Rufus, dass er ihm das Kreuz trage.

Und sie brachten ihn zu der Stätte Golgatha, das heißt übersetzt: Schädelstätte.

Und sie gaben ihm Myrrhe in Wein zu trinken; aber er nahm's nicht.

Und sie kreuzigten ihn. Und sie teilten seine Kleider und warfen das Los, wer was bekommen solle.

Und es war die dritte Stunde, als sie ihn kreuzigten.

Und es stand über ihm geschrieben, welche Schuld man ihm gab, nämlich: Der König der Juden.

Und sie kreuzigten mit ihm zwei Räuber, einen zu seiner Rechten und einen zu seiner Linken.

Und die vorübergingen, lästerten ihn und schüttelten ihre Köpfe und sprachen: Ha, der du den Tempel abbrichst und baust ihn auf in drei Tagen,

hilf dir nun selber und steig herab vom Kreuz!

Desgleichen verspotteten ihn auch die Hohenpriester untereinander samt den Schriftgelehrten und sprachen: Er hat andern geholfen und kann sich selber nicht helfen.

Ist er der Christus, der König von Israel, so steige er nun vom Kreuz, damit wir sehen und glauben. Und die mit ihm gekreuzigt waren, schmähten ihn auch.

Und zur sechsten Stunde kam eine Finsternis über das ganze Land bis zur neunten Stunde.

Und zu der neunten Stunde rief Jesus laut: Eli, Eli, lama asabtani? Das heißt übersetzt: Mein Gott, mein Gott, warum hast du mich verlassen?

Und einige, die dabeistanden, als sie das hörten, sprachen sie: Siehe, er ruft den Elia. Da lief einer und füllte einen Schwamm mit Essig, steckte ihn auf ein Rohr, gab ihm zu trinken und sprach: Halt, lasst sehen, ob Elia komme und ihn herabnehme!

Aber Jesus schrie laut und verschied.

Fortsetzung auf Seite 83

Fortsetzung von Seite 82

Und der Vorhang im Tempel zerriss in zwei Stücke von oben an bis unten aus.

Der Hauptmann aber, der dabeistand, ihm gegenüber, und sah, dass er so verschied, sprach: Wahrlich, dieser Mensch ist Gottes Sohn gewesen!

Und es waren auch Frauen da, die von ferne zuschauten, unter ihnen Maria von Magdala und Maria, die Mutter Jakobus' des Kleinen und des Joses, und Salome, die ihm nachgefolgt waren, als er in Galiläa war, und ihm gedient hatten, und viele andere Frauen, die mit ihm hinauf nach Jerusalem gegangen waren.

Infokarte:
Jesu Grablegung (Markus 15,42–47) M6/IV

Und als es schon Abend wurde und weil Rüsttag war, das ist der Tag vor dem Sabbat,

kam Josef von Arimathäa, ein angesehener Ratsherr, der auch auf das Reich Gottes wartete, der wagte es und ging hinein zu Pilatus und bat um den Leichnam Jesu.

Pilatus aber wunderte sich, dass er schon tot sei, und rief den Hauptmann und fragte ihn, ob er schon lange gestorben sei. Und als er's erkundet hatte von dem Hauptmann, gab er Josef den Leichnam.

Und der kaufte ein Leinentuch und nahm ihn ab und wickelte ihn in das Tuch und legte ihn in ein Grab, das war in einen Felsen gehauen, und wälzte einen Stein vor des Grabes Tür.

Aber Maria von Magdala und Maria, die Mutter des Joses, sahen, wo er hingelegt wurde.

Aktionskarte:
Rollenspiel und /oder Schreib-Los-Aktion   M6a

Nimm dir das Bild mit dem Titel „Verspottung". Versucht die Körperhaltung des Verspotteten nachzustellen. Was sagen dir die Gesichter der Umstehenden?

Gestaltet ein Rollenspiel.

Schreib die Geschichte von einem, der dich verspottete.

Aktionskarte: M6b

Der Maler Alexej von Jawlensky (1864–1941) hatte eine schwere Krankheit, die ihn fast unbeweglich machte. Er wusste, dass er daran sterben würde. Da malte er, im Stehen, mit ausgestreckten Armen, nur noch Gesichter. Mit einfachen Formen und mit Farben wollte er ausdrücken, was Menschen alles empfinden, fühlen, zeigen können.

■ Malt auch solche Gesichter:
Striche für Augen, Nase, Mund und Augenbrauen.
Füllt diese Gesichter mit Farben.
Lasst sie traurig, fröhlich oder ernst aussehen.
■ Findet Überschriften für eure Bilder.

■ Ordnet sie (nach welchen Gesichtspunkten?)

■ Schreibt Gedichte.

■ Schreibt Gebete.

Aktionskarte:
Mein Bild von Jesu Tod   M6c

Zeichne so, dass die Betrachter erkennen können,

■ was die Jünger gemacht, gesagt, gedacht haben (**Sprech- und Denkblasen!**),

■ was andere Menschen gemacht, gesagt, gedacht haben (**Sprech- und Denkblasen!**),

■ wie Jesus sich gefühlt hat (**Denkblase!**).

Beispiele: „Warum verteidigt er sich nicht?" – „Sie wissen nicht, was sie tun. Aber trotzdem: Es tut weh." – „Ob Gott zuschaut?"

Infokarte:
Jesu Auferstehung (Markus 16,1–8)   M7

Und als der Sabbat vergangen war, kauften Maria von Magdala und Maria, die Mutter des Jakobus, und Salome wohlriechende Öle, um hinzugehen und ihn zu salben.

Und sie kamen zum Grab am ersten Tag der Woche, sehr früh, als die Sonne aufging.

Und sie sprachen untereinander: Wer wälzt uns den Stein von des Grabes Tür?

Und sie sahen hin und wurden gewahr, dass der Stein weggewälzt war; denn er war sehr groß.

Und sie gingen hinein in das Grab und sahen einen Jüngling zur rechten Hand sitzen, der hatte ein langes weißes Gewand an, und sie entsetzten sich.

Er aber sprach zu ihnen: Entsetzt euch nicht! Ihr sucht Jesus von Nazareth, den Gekreuzigten. Er ist auferstanden, er ist nicht hier. Siehe da die Stätte, wo sie ihn hinlegten.

Geht aber hin und sagt seinen Jüngern und Petrus, dass er vor euch hingehen wird nach Galiläa; dort werdet ihr ihn sehen, wie er euch gesagt hat.

Und sie gingen hinaus und flohen von dem Grab; denn Zittern und Entsetzen hatte sie ergriffen. Und sie sagten niemandem etwas; denn sie fürchteten sich.

Aktionskarte: „Ausmalen"

M7a

R.P. Litzenburger hat das Bild vom

Schutzmantel-Christus gezeichnet:

Die Arme des Gekreuzigten breiten
sich wie ein Mantel aus, unter dem Platz
für Schutzsuchende ist.

Malt in die Umrissskizze,
welche Personen für euch
unter dem Schutzmantel
stehen sollen.

Besser: Die Skizze ganz
groß abmalen! Poster!

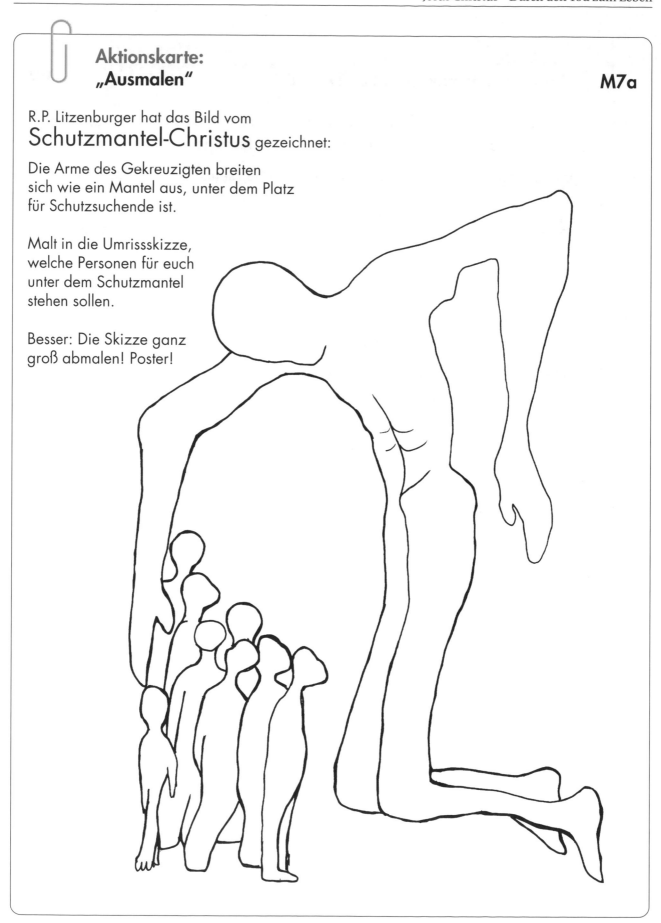

Aktionskarte:
Osterfreude   M7b

Wie kann man Osterfreude ausdrücken?

Malt Eier rot an. Solche Eier werden in vielen Ländern an jemanden verschenkt, dem man eine Freude machen oder bei dem man sich entschuldigen will.

Füllt ein Körbchen mit Ostergras (grün gefärbte Holzspäne) und legt die Eier hinein.

Wie wird Ostern bei euch gefeiert? Welche Bräuche kennt ihr? Schreibt auf!

Aktionskarte:
Mein Bild vom neuen Leben   M7c

Wie kann ein Mensch, der gestorben ist, auferstehen?

Wie haben die Jünger sich das vorgestellt?

Zeichne so, dass die Betrachter erkennen können,

wie sich – nach Leid und Tod – neues Leben zeigt und anfühlt!

Du kannst, wenn du willst, mit Sprechblasen arbeiten.

Infokarte:
Die Emmausjünger (Lukas 24,13–35)

Und siehe, zwei von ihnen gingen an demselben Tage in ein Dorf, das war von Jerusalem etwa zwei Wegstunden entfernt; dessen Name ist Emmaus.

Und sie redeten miteinander von allen diesen Geschichten.

Und es geschah, als sie so redeten und sich miteinander besprachen, da nahte sich Jesus selbst und ging mit ihnen.

Aber ihre Augen wurden gehalten, dass sie ihn nicht erkannten.

Er sprach aber zu ihnen: Was sind das für Dinge, die ihr miteinander verhandelt unterwegs? Da blieben sie traurig stehen.

Fortsetzung auf Seite 89

Fortsetzung von Seite 88

Und der eine, mit Namen Kleopas, antwortete und sprach zu ihm: Bist du der Einzige unter den Fremden in Jerusalem, der nicht weiß, was in diesen Tagen dort geschehen ist?

Und er sprach zu ihnen: Was denn? Sie aber sprachen zu ihm: Das mit Jesus von Nazareth, der ein Prophet war, mächtig in Taten und Worten vor Gott und allem Volk;

wie ihn unsre Hohenpriester und Oberen zur Todesstrafe überantwortet und gekreuzigt haben.

Wir aber hofften, er sei es, der Israel erlösen werde. Und über das alles ist heute der dritte Tag, dass dies geschehen ist.

Auch haben uns erschreckt einige Frauen aus unserer Mitte, die sind früh bei dem Grab gewesen,

haben seinen Leib nicht gefunden, kommen und sagen, sie haben eine Erscheinung von Engeln gesehen, die sagen, er lebe.

Und einige von uns gingen hin zum Grab und fanden's so, wie die Frauen sagten; aber ihn sahen sie nicht.

Und er sprach zu ihnen: O ihr Toren, zu trägen Herzens, all dem zu glauben, was die Propheten geredet haben!

Musste nicht Christus dies erleiden und in seine Herrlichkeit eingehen?

Und er fing an bei Mose und allen Propheten und legte ihnen aus, was in der ganzen Schrift von ihm gesagt war.

Und sie kamen nahe an das Dorf, wo sie hingingen. Und er stellte sich, als wollte er weitergehen.

Und sie nötigten ihn und sprachen: Bleibe bei uns; denn es will Abend werden und der Tag hat sich geneigt. Und er ging hinein, bei ihnen zu bleiben.

Und es geschah, als er mit ihnen zu Tisch saß, nahm er das Brot, dankte, brach's und gab's ihnen.

Da wurden ihre Augen geöffnet und sie erkannten ihn. Und er verschwand vor ihnen.

Fortsetzung auf Seite 90

Fortsetzung von Seite 89

Und sie sprachen untereinander: Brannte nicht unser Herz in uns, als er mit uns redete auf dem Wege und uns die Schrift öffnete?

Und sie standen auf zu derselben Stunde, kehrten zurück nach Jerusalem und fanden die Elf versammelt und die bei ihnen waren;

die sprachen: Der Herr ist wahrhaftig auferstanden und Simon erschienen.

Und sie erzählten ihnen, was auf dem Wege geschehen war und wie er von ihnen erkannt wurde, als er das Brot brach.

Aktionskarte:
Fußspuren M8a

Betrachtet das Bild auf der Infokarte. Ihr sollt den „Gang nach Emmaus" nachempfinden.

Zeichnet eure Fußspuren auf (Pack-)Papier nach, schneidet sie aus.

Überlegt, welche Farbe die Spuren *nach Emmaus* haben sollen und welche die Spuren *zurück nach Jerusalem*.

Legt die Orte fest und verteilt die Spuren.
Geht sie ab, unterhaltet euch dabei:
Wie fühlt ihr euch? Was sagt/denkt ihr?

Aktionskarte:
Weizenkorn M8b

Vom Weizenkorn heißt es, dass es erst sterben (trocken werden, aussehen wie tot) und begraben (in die Erde gelegt) werden muss, um neu zu leben und viel Frucht (neue Körner) bringen zu können.

Nehmt Samenkörner in die Hand und fühlt, wie trocken, tot sie sind.

Sät Weizen in Blumentöpfe (oder Senfsaat – das geht besser) und beobachtet das Wachsen.

Die kleine Wiese, die entsteht, könnt ihr für eure Präsentation benutzen.

Aktionskarte:
Mein Bild vom Gang nach Emmaus M8c

Der Weg nach Emmaus (s.a.**M8**) – zeichne ihn so, dass der Betrachter erkennen kann,

- was die Jünger gedacht, getan haben.

- Male dich mit auf das Bild. Was sagst/denkst du?
  Du kannst Sprech- oder Denkblasen einbauen.

Beispiel: „Irgendwie kommt er mir bekannt vor." – „Erst tut er, als ob er keine Ahnung hat, und dann …" – „Es tut gut, wieder mit euch zu sprechen, meine Freunde."

Infokarte:
Der Kreuzweg   M9

Die Jünger sind mit Jesus ▶ nach Jerusalem eingezogen,

sie haben sich von ihm die ▶ Füße waschen lassen, das letzte ▶ Abendmahl mit ihm gefeiert.

Sie haben ihn in den Garten ▶ Gethsemane begleitet, seine ▶ Verhaftung, sein ▶ Verhör und seine ▶ Verurteilung miterlebt.

Sie haben ihn ▶ im Stich gelassen, aber doch haben sie es mitbekommen: ▶ Schläge, ▶ Spott und ▶ Tod am Kreuz.

Sie haben das ▶ Grab gesehen – und dann war es ▶ leer. Sie gingen traurig nach ▶ Emmaus und rannten freudig zurück.

Stationen, die ihr bedacht habt, und die viele Christinnen und Christen in der Passions- und Osterzeit immer wieder nachvollziehen – auch ganz räumlich, indem sie solche Kreuz-Wege darstellen und gehen. Zum Abschluss eurer Auseinandersetzungen mit Passion und Ostern gestaltet auch ihr einen Kreuzweg.

Überlegt in Kleingruppen,

wo euer Weg sein könnte (draußen, in der Pausenhalle, in eurer Klasse, im Gemeindehaus…)

wie euer Weg aussehen könnte (Stellwände, Tische…);

was ausgestellt werden sollte / könnte (wenig, alles; nur die besten Arbeiten? Wie die Rollenspiele? …);

wen ihr einladen wollt;

wann ihr den Weg zeigen wollt (vor Ostern, nach Ostern, an einem Schultag, Samstag oder Sonntag, Vormittag, Nachmittag, Abend…);

was noch bedacht werden muss (Elternbeteiligung, Erlaubnis bei der Schulleitung erfragen…);

Besprecht und beschließt dann im Plenum.
Verteilt die Aufgaben.
Denkt auch an Plakate, Mitteilung für die örtliche Presse …

D Gemeinde-(Er)Leben

Die Gemeinde:
Ein Leib, viele Glieder

Veranstaltungen:
Wir feiern – nicht nur sonntags

Wir tun was für unsere Gemeinde!

1. Thematisches Stichwort

In unseren Klassen sind Sch aus verschiedenen Kirchengemeinden. Wenn konfessionell kooperativ unterrichtet wird, gehören die Jugendlichen sogar verschiedenen Konfessionen an. Das Thema Gemeinde macht es daher erforderlich, dass immer auch römisch-katholische Elemente mitbedacht werden (s. Konfirmation/Firmung).

Nicht thematisiert werden hier „Kirchenmüdigkeit" und „Kirchenferne". Denn gerade die Arbeitsformen des Offenen Unterrichts sind geeignet, Neugier und Entdeckerfreude zu wecken können. Hier gilt es, unbelastet von Vorbehalten ans Werk zu gehen und der Dynamik der Begegnungen zu vertrauen. Also ist das Projekt auf Suchen, Fragen und Antworten ausgelegt.

2. Kompetenzen

Die Schülerinnen und Schüler
■ kennen haupt- und ehrenamtliche Personen der Kirchengemeinde und wissen etwas über deren Arbeit,
■ sind in der Lage Veranstaltungen der Kirche als etwas zu begreifen, was auch mit ihnen zu tun hat,

■ wissen, was sie für die Kirche tun können und können das auch umsetzen,
■ wissen, dass solche Arbeit bereichert.

3. Literatur zum Thema

Informations- und Pressestelle der Evangelisch-lutherischen Landeskirche Hannovers (Hg.): Gesetzessammlung für die Arbeit in Kirchengemeinde und Kirchenkreis, Lutherisches Verlagshaus, Hannover 2000

Kirchhoff, Ilka: Gemeinsam glauben in verschiedenen Kirchen. Evangelisch – Katholisch, Arbeitshilfen OS 5, Religionspädagogisches Institut Loccum, Loccum 1998

Küstenmacher, Tiki: Tikis evangelisch-katholisch-Buch, Pattloch und Calwer, Augsburg und Stuttgart 1996

Besser-Scholz, Birgit (Hg.): LebensZeichen 5/6, Vandenhoeck & Ruprecht, Göttingen 1995, S. 119–135

Büttner, Gerhard u.a. (Hg.): SpurenLesen. Religionsbuch für die 5./6. Klasse, Calwer und Klett Verlag, Stuttgart 1996, S.160–172

Unterrichtsideen Religion 5. Schuljahr. Arbeitshilfen für den Evangelischen Religionsunterricht in Hauptschule, Realschule und Gymnasium, Calwer Verlag, Stuttgart 1996, S.265–275

Vgl. Religionsunterricht praktisch 5, S.82 und 86

4. Orientierungsseite

Wo können *welche* Freiarbeitselemente was leisten?

Phase	Inhalte	FA-Elemente	FA-Materialien
Einstieg	Überblick über die verschiedenen Personen und Aufgaben einer Gemeinde	Fragend, schreibend, malend und singend Informationen sammeln, erste Kenntnisse vorstellen	**M1:** Bilder für Gemeinde: Baum, Schiff
Erarbeitung	Interviews mit Personen, die vor Ort für die Kirche arbeiten	In Kleingruppen oder Partnerarbeit die verschiedenen Personen interviewen, die Antworten reflektieren, evtl. bearbeiten; die Ergebnisse einander vorstellen	**M2:** Der Pastor/ die Pastorin und ihre Aufgaben oder **M3:** Die Ehrenamtlichen; dazu Aufgaben a–d und/oder **M4:** Die Mitarbeiter und Mitarbeiterinnen; dazu Aufgaben a–c
Vertiefung	Taufe, Konfirmation und Abendmahl als zentrale Feste der Gemeinde, auch für Jugendliche	Wichtige Feste der Gemeinde durch Info- Material, Befragung von Fachleuten oder beim Besuch des Gottesdienstes kennen lernen	**M5:** Taufe; dazu Aufgaben a–f **M6:** Konfirmation; dazu Aufgaben a–e **M7:** Abendmahl; dazu Aufgaben a–d
Ergebnissicherung	Bedeutung des Mitmachens	Gemeinsam der Gemeinde an vielen Stellen helfen und dabei Anerkennung und Freude erfahren	**M8:** Wir tun was; dazu Aufgaben a–g

5. Erläuterungen zu den Freiarbeitsvorschlägen

Bilder von Gemeinde

Die bekannte Bibelstelle spricht von „einem Leib und vielen Gliedern" (1 Kor 12,12–26, abgedruckt in Religionsunterricht praktisch 5, 90). Da aber Sch bei der Zuordnung sehr schnell zu dem Urteil kommen, dass der Kopf viel wichtiger ist als der Bauch, gehen wir in der Zuordnungsaufgabe zum Bild des Baumes (M1a). L kann die Angaben der Schilder löschen und die Sch auffordern, selbst zu beschriften. Denkbar ist aber auch ein zusätzliches Ausfüllen mit Namen. Das ausgefüllte Poster in DIN A3 sollte die ganze Zeit im Raum der Lerngruppe sichtbar sein, weil es eine Orientierungshilfe ist. (s.a. Tiki Küstenmacher, o.S., abgedruckt in Kirchhoff: Gemeinsam glauben S. 61)

Personen, die für die Kirchengemeinde arbeiten

Sch besuchen gern außerschulische Lernorte. Hier bietet es sich an, kirchliche Mitarbeitende an ihrem Wirkungsort zu besuchen und zu befragen. Das kann während der Schulzeit sein (rechtlichen Rahmen prüfen, Aufsichtspflicht, evtl. Schulleitung und Eltern informieren) oder nachmittags (dann sollte man aber die Sch entsprechend vormittags entlasten). Es hat sich bewährt, im Rollenspiel eine solche Interviewsituation durchzuspielen. Die Lerngruppe entscheidet dann, ob bestimmte Fragen zu umfangreiche Antworten hervorriefen, ob Fragen unhöflich waren o.Ä. Die Sch sind dann auch in der echten Situation nicht so nervös.

Alternativ kann der Lerngruppe angeboten werden, die zu interviewende Person in das Klassenzimmer einzuladen, mit ihr zu telefonieren oder Nachschlagewerke zu nutzen (Lexika unter den Stichworten: Kirche, Gemeinde, Pfarrer ...). Auch im Internet wird man fündig (www.kirche.de).

Interviews beginnt man am besten mit Pastorin/Pastor: Die sind „nett", freuen sich über das Interesse der Sch. M2 kann als Interviewhilfe mitgenommen werden.

Ehrenamtliche (M3) kommen auch in die Schule, wenn man ihnen etwas zeitlichen Vorlauf gibt. Besonders lohnend ist der / die Verantwortliche für die Jugendarbeit. Sie können erzählen von ihren Treffen (Zeit, Ort), dürfen auch ruhig etwas Werbung betreiben (Internet Anschluss, Kicker, Billardtisch, Musikanlage, Sommerzeltlager ...) Sie dürfen aber auch von ihren Wünschen und Sorgen berichten.

Sch wissen auch, wer in der Nachbarschaft oder Familie ehrenamtlich für die Kirche tätig ist. Sie sollten diese Personen mit Block und Bleistift befragen, sie antworten gern.

Ein großer Teil der Mitarbeitenden (M4) sind Teilzeitkräfte, die oft auch noch eine andere Arbeitsstelle haben. Die Sch sollten deshalb vorher Termine absprechen. Viel Spaß macht ihnen die Fotoreportage. Wenn keine Kameras zur Verfügung stehen, könnten auch Kassettenrekorder hilfreich sein. Die Präsentation der Ergebnisse vor der ganzen Lerngruppe wird bestimmt ein Erfolg.

Taufe, Konfirmation und Abendmahl

Drei kirchliche Feste, die für die meisten Sch schon eine Bedeutung haben, sollen genauer erarbeitet werden, damit nicht der Eindruck entsteht, dass Kirche nur Organisation ist. Die Sch wählen selbst aus, wie viel sie bearbeiten wollen, ob sie lieber mit Texten arbeiten, Fachleute interviewen oder am Gottesdienst teilnehmen (M5–M7). Engagierte Freiarbeiter werden alle Möglichkeiten ausschöpfen, um ein möglichst vollständiges Bild abzugeben. Nach Absprache mit den Pastoren sind diese auch bereit, Sch als Gäste am Konfirmandenunterricht teilnehmen zu lassen.

Aktionen für die Gemeinde

Alle unsere Erkundungen münden in eine Aktion, die die Sch (in Absprache mit der Kirchengemeinde/den Pfarrern) selbst wählen (**M8**).

Zu M8g, Erarbeitung und Gestaltung eines Wegespiels „Wir gründen eine Jugendgruppe": In einem Wegespiel können die möglichen Probleme einer spontan gedachten Initiative diskutiert und durchgespielt werden. Sch sammeln Schritte zur Umsetzung (Anfragen bei der Pfarrerin, dem Kirchenvorstand, der Küsterin, überlegen, wie Teilnehmer geworben werden können, welche Ausrüstungsgegenstände vorhanden sein müssten, optimale Zeiten und Orte, wer soll der Ansprechpartner für Problemfälle sein, die „Vorsitzende", wer kümmert sich um die Finanzen...). Das auf DIN A3 vergrößerte Kapitel-Titelblatt kann Grundlage des Weges sein, sollte aber individuell erweitert werden.

Beispiele für Spielkärtchen

Du hast die Pfarrerin gefragt.
Sie ist begeistert.
Fünf Felder vorrücken.

Der Kirchenvorstand hat Bedenken.
Er will euch erst mal kennen lernen.
Einmal aussetzen.

Die Küsterin freut sich, dass du einen
Monat lang für frische Blumen sorgen willst.
Drei Felder vor.

Du bist gebeten worden, den Gemeindebrief auszutragen. Du sagst, dass du keine Zeit hast. Drei zurück.

Aktionskarte:
Der Kirchenbaum

M1

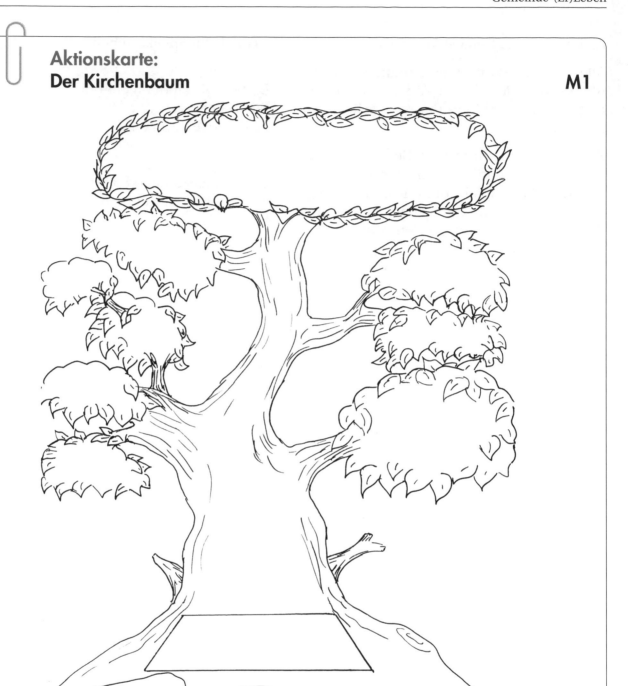

a) Zeichnet noch mehr Blätter an euren Kirchenbaum: Für den Sozialdienst, den Ökumene-kreis, die Kindergottesdienstgruppe – habt ihr noch mehr? Tragt die Namen der Pastoren, der Diakonin usw. ein.

b) Ein anderes Bild für die Gemeinde ist das Schiff: Malt es! Das Segel ist der Heilige Geist, Christus sitzt am Ruder, die vielen Personen und Gruppen der Gemeinde stellen die Planken dar. Wehe, wenn eine fehlt oder brüchig wird!

c) Singt/sprecht das Lied „Ein Schiff, das sich Gemeinde nennt" (EG 572, Strophe 1, 3 und 5).

Aktionskarte:
Die Pastorin/der Pastor   M2

Es gibt verschiedene Bezeichnungen für dieses Amt. Klärt deshalb, wie die Person,
die ihr interviewt, angesprochen werden möchte:
Pastor – Pfarrer – Kaplan – Vikar – Geistlicher – _____ – _____

In evangelischen Kirchen predigen und taufen Frauen und Männer.
Sie heißen: Pastor/in – Pfarrer/in – Vikar/in – _____ – _____

Achtung: In der katholischen Kirche werden nur Männer geweiht, d.h. mit der Leitung einer
Gemeinde beauftragt.

Die Aufgaben von _____

Seelsorge:
– Gespräche mit Rat suchenden Menschen
  „seelsorgerliches Gespräch"
– Beichtgeheimnis

_____

_____

_____

Verkündigung:
– Sonntagsgottesdienste
– Seniorengottesdienste im Altersheim
– Schulgottesdienste
  (Vorbereitung, Durchführung)

_____

_____

Amtshandlungen:
– Taufe
– Konfirmation/Firmung
– Trauung/Traujubiläum
– Beerdigung
– Einweihung von öffentlichen Gebäuden
– Einführung von Mitarbeitern ins Amt

○ Ordnet zu:
  Jugendgottesdienst, Gespräche zwischen Tür und Angel, Verwaltung, Kinderkirche,
  Betreuung von Gruppen und Kreisen, Krabbelgottesdienst, Unterricht in Schulen,
  Kindergottesdienst, Haus- und Krankenbesuche

○ Findet ihr noch mehr Aufgaben?

Aktionskarte:
Ehrenamtliche

M3

„Unsere Landeskirche ist ohne Ehrenamtliche wie Sie nicht denkbar. Kompetent, engagiert, hilfsbereit arbeiten Sie in verschiedenen Bereichen der Kirchengemeinde, des Kirchenkreises und der Diakonie mit. Eine Anerkennung dafür soll das gemeinsame Fest an diesem Tag des Ehrenamtes sein."

Landesbischöfin Margot Käßmann am „Tag des Ehrenamtes", am 25. August 2001

Unsere Ehrenamtlichen

Kirchenvorsteherinnen und Kirchenvorsteher

_____

_____

_____

Leitende verschiedener Gruppen/Teilnehmer und Teilnehmerinnen

Krabbelgruppe _____

Seniorentreff _____

Frauenfrühstück _____

Besuchsdienst _____

Hausbibelkreis _____

a) Fragt mindestens drei Personen
   – nach ihren Lieblingsaufgaben
   – ihren Zielen, Wünschen

b) Welche anderen Gruppen gibt es sonst noch bei euch? Wertet den Gemeindebrief, die regionale Zeitung und Schaukästen aus.

Aktionskarte:
Die Mitarbeiterinnen und Mitarbeiter M4

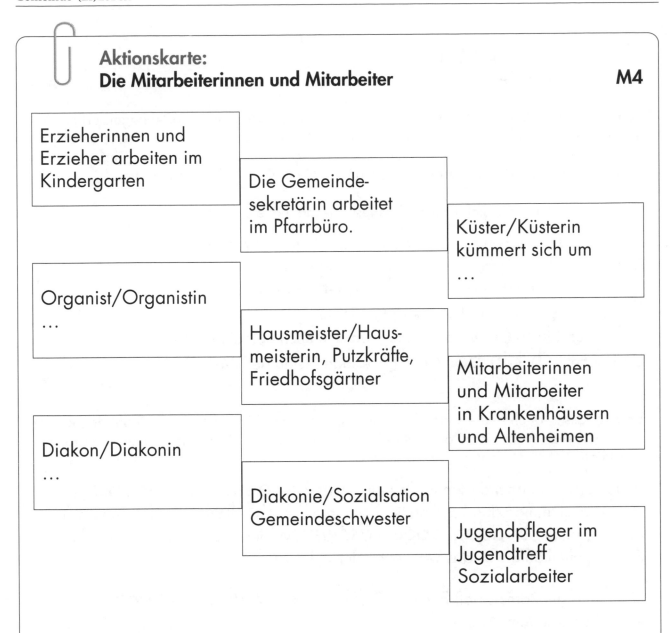

Erzieherinnen und Erzieher arbeiten im Kindergarten

Die Gemeindesekretärin arbeitet im Pfarrbüro.

Küster/Küsterin kümmert sich um ...

Organist/Organistin ...

Hausmeister/Hausmeisterin, Putzkräfte, Friedhofsgärtner

Mitarbeiterinnen und Mitarbeiter in Krankenhäusern und Altenheimen

Diakon/Diakonin ...

Diakonie/Sozialsation Gemeindeschwester

Jugendpfleger im Jugendtreff Sozialarbeiter

a) Wisst ihr noch mehr?

b) Macht Interviews: Was tun sie? Wo? Warum?

c) Gestaltet eine Fotoreportage über die Tätigkeiten (Sofortbild-, Digital- und/oder Videokamera).

Info-/Aktionskarte:
Die Taufe   M5

Schon in den ersten Tagen der Kirche, als Petrus und die anderen Apostel begeistert predigten, fragten die Zuhörer: „Ihr Männer, liebe Brüder, was sollen wir tun?" Petrus sprach zu ihnen: „Tut Buße, und jeder von euch lasse sich taufen auf den Namen Jesu Christi zur Vergebung eurer Sünden, so werdet ihr empfangen die Gabe des heiligen Geistes."

Die Apostel erinnerten sich daran, dass Jesus gesagt hatte:

Mir ist gegeben alle Gewalt im Himmel und auf Erden.
Darum gehet hin und machet zu Jüngern alle Völker:
Taufet sie auf den Namen des Vaters
und des Sohnes und des heiligen Geistes
und lehret sie halten alles, was ich euch befohlen habe.
Und siehe, ich bin bei euch alle Tage bis an der Welt Ende.

Mt 28,18–20

Und so lassen auch heute viele Eltern ihre Kinder taufen. An eure eigene Taufe erinnert ihr euch sicherlich nicht mehr, aber vielleicht an die jüngerer Geschwister oder Cousins und Cousinen.

In den ersten Jahrhunderten taufte man in fließendem Wasser oder Seen, später tauchte man den Täufling tief unter in einem Becken. Das war ein Zeichen dafür, dass die Sünden abgewaschen wurden. Bei der damals üblichen Erwachsenentaufe war das wohl auch sinnvoll.

Für Paulus (im Römerbrief) bedeutet Taufe aber auch Auferweckung, Aufstehen aus dem Wasser.

Die kleinen Kinder, die heute getauft werden, werden über das Taufbecken gehalten und die/der Geistliche träufelt etwas Wasser über den Kopf und spricht den Namen des Kindes und die Worte:

Ich taufe dich im Namen des Vaters und des Sohnes und des heiligen Geistes. Amen.

a) Was passiert sonst noch bei der Taufe?
b) Welche Aufgabe haben die Paten?
c) Manchmal werden Jugendliche getauft. Überlege, warum die Eltern das Kleinkind nicht taufen ließen.
d) Geht in einen Taufgottesdienst und berichtet eurer Lerngruppe davon.
e) Fünf Taufsymbole gibt es: Wasser – Licht – Kreuz – Namen – Hand. Klärt die Bedeutung.

Info-/Aktionskarte: Die Taufe

M6

Geht ihr schon zum Konfirmandenunterricht oder Firmunterricht?

Beide Unterrichte bedeuten „festigen, bekräftigen" von lateinisch *firmare*.

Was Eltern und Paten in der Taufe für euch gedacht, gesprochen und erbeten haben, soll von euch **bestätigt** werden. Darauf werdet ihr **vorbereitet**.

Ihr bekommt *Religions-, Konfirmanden-* oder *Firmunterricht* angeboten.

Wenn ihr katholisch seid, seid ihr wohl schon zur *Ersten Heiligen Kommunion* gegangen.

In einem feierlichen **Gottesdienst zur Konfirmation** wird jeder Konfirmandin und jedem Konfirmanden ein Bibelwort zugesprochen.
Dann legt der Pastor/die Pastorin dem Jugendlichen die Hände zum Segen auf. **Einsegnung** nannte man deshalb auch früher die Konfirmation.

Katholische Jugendliche werden vom **Bischof** gefirmt. Allerdings haben sie dann nicht so eine große Feier und auch nur wenige Geschenke.

Viele Christen bedauern, dass **Geldgeschenke** für manchen Konfirmanden der wichtigste Grund für die Konfirmation ist.

a) Sammelt Themen, die ihr im Konfirmanden- oder Firmunterricht besprechen wollt.
b) Konfirmandenfreizeit! Entwickelt einen Tagesplan.
c) Es gibt Gruppen, die einen Teil ihrer Geldgeschenke für einen guten Zweck spenden. Macht Vorschläge, für welchen.
d) Ein schöner Brauch ist der, dass Konfirmanden sich selbst ihren Bibelspruch aussuchen, der sie manchmal ein Leben lang begleitet. Beratet euch gegenseitig.
e) Schreibe deinen Bibelspruch (s. Aufgabe d) besonders schön. Schenke das Blatt deinen Eltern oder Großeltern.

Info-/Aktionskarte: Das Abendmahl

M7

> Denn ich habe von dem Herrn empfangen, was ich euch weitergegeben habe: Der Herr Jesus, in der Nacht, da er verraten ward, nahm er das Brot, dankte und brach's und sprach: Das ist mein Leib, der für euch gegeben wird; das tut zu meinem Gedächtnis. Desgleichen nahm er auch den Kelch nach dem Mahl und sprach: Dieser Kelch ist der neue Bund in meinem Blut; das tut, sooft ihr daraus trinkt, zu meinem Gedächtnis.
>
> *1 Kor 11,23–25*

Mit diesem Text feiern Christinnen und Christen weltweit das **Abendmahl**, das **Herrenmahl**, die **Eucharistiefeier**, die **Heilige Messe**, **Agape**.

Zur Abendmahlsfeier gehören eigentlich nur die **Einsetzungsworte** (s.o.) und **Brot und Wein** als Zeichen.

Wichtig ist uns aber auch

- das Schuldbekenntnis der Gemeinde mit der Bitte um Versöhnung mit Gott und untereinander,

- ein Zeichen des Friedens,

- die Lesung aus der Bibel,

- die Predigt,

- das Gebet (das Vaterunser),

- Lieder,

- der Segen.

a) Klärt die verschiedenen Namen für das Abendmahl.
b) Wer darf teilnehmen?
c) Sucht Lieder für einen Abendmahlsgottesdienst.
d) Schreibt ein Gebet oder einen besonderen Segen.

Info-/Aktionskarte:
Wir tun was für unsere Kirche!   **M8**

a) Wir schreiben einen Artikel für den Gemeindebrief, die Schul- oder die Tageszeitung.

b) Wir kümmern uns um die Gestaltung eines Schaukastens oder Schwarzen Bretts.

c) Wir laden ein zu einem Kinderjugendaktionstag und bereiten ihn vor.

d) Wir machen ein Ferienangebot: Kinderferienkirche mit Spiel und Spaß.

e) Diakonieservice: Wir bieten Hilfe für alte und kranke Menschen an: einkaufen, Besorgungen machen, zuhören, erzählen, Rollstuhl fahren…

f) Wir gestalten einen Gottesdienst.

g) Wir erarbeiten und gestalten ein Wegespiel „Wir gründen eine Jugendgruppe".

Benni ist Jude – Er lebt nebenan

Tägliches Leben

Feste und Feiern

Wünsche

1. Thematisches Stichwort

Das Judentum ist die älteste der drei Buchreligionen: Judentum – Christentum – Islam. Das Judentum wird als Wurzel oder auch Stamm bezeichnet. Viele Texte finden sich in allen drei Religionen fast gleich oder doch vom Sinn her ähnlich. Und doch gab es immer wieder Streit zwischen den Dreien: Wer hat die wahre Religion? (s. Ringparabel)

In Deutschland sind alle drei Religionen vertreten: die Christen als größte Gruppe, Muslime immerhin mit etwa 3,2 Millionen und die Juden heute, fast 60 Jahre nach dem Ende der Hitlerdiktatur, mit 200.000. Von ihnen sind mehr als 168.000 Zuwanderer, vor allem aus der ehemaligen Sowjetunion. Vor Beginn des Dritten Reiches gab es in Deutschland 600.000 jüdische Religionsangehörige, den Holocaust überlebten nur 12.000. Heute werden wieder Synagogen gebaut, „das Leben beginnt neu" (Ignatz Bubitz, zitiert in NOZ 11.09.2003; Zahlenangaben aus diesem Artikel bzw. aus der Zeitschrift Begegnungen. Zeitschrift für Kirche und Judentum Nr.4/2003, S.29). Die Zuwanderer sind auch junge Familien mit Kindern, die in öffentliche Schulen gehen. In großen Städten sind also auch Sch jüdischen Bekenntnisses. Jüdische Feste werden gefeiert, Gottesdienste abgehalten, Chanukka-Leuchter angezündet. Unwissen und falsche Informationen können leicht zu Misstrauen und Ablehnung führen. Es sind aber nicht die Juden – wie man im Mittelalter (!) gern behauptete –, sondern Biertischdebatten, die „die Brunnen vergiften"! Rechtsradikale wollen mit „Deutschland den Deutschen" die Welt „heilen" und fordern ein Aussperrung von Ausländern und vor allem Juden (die fast immer Deutsche sind!). „Ein Alltag unter Polizeischutz" (Titel des Artikels vom 11.09.2003) kann nicht die Lösung des Problems sein.

Es gibt Schüleraustausch mit französischen, englischen, polnischen Sch. Da werden Vorurteile abgebaut, Freundschaften geschlossen. Weshalb sollten wir nicht mal eine Ferienfreizeit planen für jüdische und christliche Sch (s. a. *Religionsunterricht praktisch 7*, S. 51–60)?

Eine weitere Überlegung sollte sein: Wie erlangt ein Kind das Bewusstsein, Jude zu sein?

1. Es erlebt die Feste und Feiern im Jahreslauf, *Chanukka* und *Pessach*, und die Feste im Lebenslauf, *Bar Mizwa* bzw. *Bat Mizwa* und die *Beschneidung*.
2. Es erlebt die *täglichen Riten, Symbole* und *religiösen Gegenstände* im häuslichen Umfeld.
3. Es erlebt das *Kerzenanzünden* am Freitagabend zu Beginn der Sabbatfeier.
4. Es erlebt das *Beten* als Unterhaltung mit Gott.
5. Es erlebt im *Ferienlager* andere jüdische Kinder. Da gibt es Sport, Spaß und Spiel, es werden aber auch jüdische Lieder und Gebete gelernt. Man beschäftigt sich mit jüdischer Geschichte und der hebräischen Sprache. Die Kleinen fahren z.B. nach Sobernheim/Nahe, die Großen nach Italien oder in die Schweiz zum Skilaufen. Und dann ist man auch stolz, wenn man etwas gelernt hat, was die Klassenkameraden nicht können: *Hebräisch.*

2. Kompetenzen

Die Schülerinnen und Schüler
■ kennen die wichtigsten Fachausdrücke des Judentums,
■ wissen, was es für einen Jugendlichen bedeutet, in Deutschland Jude zu sein (Feste und Feiern, tägliches Leben) und

■ können nachempfinden, weshalb Juden ihren Glauben wert schätzen,
■ sind in der Lage die eigene Einstellung zum Judentum auf den Prüfstand zu stellen.

3. Literatur zum Thema

Besser-Scholz, Birgit (Hg.): Lebens-Zeichen 5/6. Ein Unterrichtswerk für den evangelischen Religionsunterricht in der Sekundarstufe I, Vandenhoeck &Ruprecht, Göttingen 1995, S.220–250

Gehrlein, Pia: Höre Israel. Leben und Glauben des Judentums. Freiarbeitsmaterialien für den Religionsunterricht in der Klasse 5 und 6, Katechetisches Institut des Bistums Trier, Trier 1997, zu bestellen Tel.0651-7105300

Kirchhoff, Ilka: Meine Religion – deine Religion. Christentum – Judentum – Islam, Religionspädagogisches Institut Loccum, Loccum 1995

Rudnick, Ursula: Judentum als Thema im christlichen Religionsunterricht – didaktische Perspektiven, Loccumer Pelikan 3/03, S. 120–124

Stern, Marc: Gelebte jüdische Feste: erinnern – feiern – erzählen, Gütersloher Verlagshaus, Gütersloh 1999

Ders.: Was ist Judentum? Die häufigsten Fragen und Antworten, Verlag Lembeck/Bonifatius, Frankfurt a.M./Paderborn 2001

Then, Reinhold: Das Judentum. Religion – Geschichte – Gegenwart. Bilder – Folien – Einführung, Religionspädagogisches Seminar der Diözese Regensburg, Regensburg [3]1998, zu bestellen: Tel. 0941-5971511

Filme zum Thema

Bar Mitzwa, FWU – Schule und Unterricht. VHS 42 02538, Matthias-Film 2000

David und die Synagoge, VHS 42 02112, 1996

Pessach – Gedanken zum jüdischen Fest des ungesäuerten Brotes. VHS 01617, Matthias-Film

Der Sabbat und die Synagoge, FWU – Schule und Unterricht. VHS 42 02566, Matthias-Film 2000

4. Orientierungsseite

Wo können *welche* Freiarbeitselemente was leisten?

Phase	Inhalte	FA-Elemente	FA-Materialien
Einstieg	Zur Bedeutung der „Fachausdrücke"	Sich fragend dem Judentum nähern, mehr wissen wollen; Lexikonkartei für UE be- und erarbeiten	**M1:** Lexikonkartei; dazu M1a–f verschiedene Spielformen, Quiz als Wettbewerb
Erarbeitung	Feste und Feiern im Jahres- und Lebenslauf: was jüdischen Jugendlichen an ihrem Glauben wichtig ist.	In Geschichten und Berichten erfahren, wie Juden ihren Glauben leben.	**M2:** Festkalender 2004–2010 M2a Klassenkalender **M3:** Pessach und **M4:** Chanukka **M5:** Beschneidung **M6:** Bar Mizwa **M7:** Die Synagoge
Vertiefung/Transfer	Das tägliche Leben jüdischer Jugendlicher	Informationen eigenen Erfahrungen gegenüberstellen, in Gruppen reflektieren und handeln.	**M8:** Speiseregeln, „koscher", backen **M9:** Tägliche Riten und Symbole
Ergebnissicherung	Begegnung und Dialog *praktisch*	In Gruppen planen, überlegen, diskutieren, Wege finden	**M10:** (fiktive) Planung eines Ferienlagers unter zu Hilfenahme der Arbeiten **M1–9**

5. Erläuterungen zu den Freiarbeitsvorschlägen

Die Lexikonkartei **M1** kann erweitert oder verkürzt werden. Für den Schulbetrieb sollte sie vergrößert oder auf selbst klebende Kopieretiketten (möglichst ohne Formatierung) kopiert werden, die dann auseinander geschnitten und z.B. auf Kärtchen aufgeklebt werden.

Die Sch erarbeiten die *Spiele* in Partner-, Gruppen- oder Einzelarbeit, nach eigener Organisation. Sie legen die Regeln weitgehend selbst fest. Zur Kontrolle liegt auf dem Materialtisch eine nicht zerschnippelte Kartei.

Übrigens können die Karten auch wirklich als Kartei in der Klasse stehen und bei den nächsten Aufgaben hilfreich sein.

Ausführlich zur Erstellung von Spielen: vgl. *Freiarbeit mit RU praktisch 5/6* Bd. 1, S. 16–18 und 19.

Der Festkalender **M2** kann Grundlage eines Klassenkalenders werden: die Feste werden übertragen. Wenn sich Nachfragen ergeben, kann in der Leseecke nachgeschaut werden. Hier bieten sich „Was jeder vom Judentum wissen muss" und das Beiheft zur Foliensammlung Judentum (s. Literaturliste) an.

Der Klassenkalender wird in der laufenden Einheit wiederholt gebraucht, geschmückt, erweitert. Außerdem wird er jedes Jahr aktualisiert und z.B. bei der Termin-Bestimmung von Weihnachten und Chanukka gebraucht.

Bei **M3** und **M4** geht es um die wichtigsten Feiertage für Jugendliche: *Pessach* und *Chanukka.* Natürlich gibt es andere Feiertage, die theologisch gesehen bedeutsamer sind (z.B. Jom Kippur, der Sühnetag). Aber welcher christliche Sch geht schon am Karfreitag in die Kirche? Darüber hinaus ist Pessach ein in besonderem Maße „typisch jüdischer" Feiertag, Chanukka ein besonders „dialogischer" – die Vergleichspunkte mit Weihnachten liegen auf der Hand.

Beim *Sederabend* spielen sowohl die Kinder/ Jugendlichen als auch die Fremden/Gäste eine große Rolle. Den Sederabend „spielen" manche L auch mit ihren Sch – davon raten wir jedoch ab. Zwar ist der Sederabend, bei aller Parallelität zum Abendmahl, nicht so würdevoll wie dieses, dennoch ist er eine kultische Begehung und damit *kein Rollenspiel.* Möglich ist der Einsatz von Filmen, z.B. Pessach – Gedanken zum jüdischen Fest des ungesäuerten Brotes (s.o.).

Beschneidung und *Bar/Bat Mizwa* (**M5** und **M6**) sind die zwei wichtigsten Feste im Lebenslauf der Jugendlichen. Zwar kann sich kein Sch an das Fest der eigenen Beschneidung erinnern, aber die Beschneidung ist für ihn, für seine Identität als Jude bedeutsam. Für Nichtjuden ist es hilfreich und verständnisfördernd, zu wissen, was religiös gesehen dahintersteckt: Es geht um die Aufnahme in die Gemeinde und die Gemeinschaft, um den *Bund* mit Gott. Medizinisch-hygienische Überlegungen sollten keinen Stellenwert haben, da sie an der zentralen Idee der Gemeinschaft mit Gott vorbeigehen.

Die *Bar Mizwa* kann als Film angeschaut werden (s.o.), *Bat Mizwa,* die Feier für zwölfjährige Mädchen, wird hier nicht besonders vorgestellt, da sie einerseits nicht in allen Gemeinden stattfindet und andererseits in Ritus und Brauch der Bar Mizwa ähnelt. Auch die Mädchen zeigen, dass sie aus der *Tora* lesen können. Aber sie tun das nicht an der *Bema* in der Synagoge, sondern zu Hause oder am Schabbat nach dem Gottesdienst oder am Sonntag in der Synagoge. Entsprechend weniger feierlich geht es dabei zu.

Die Sch vertiefen das Gesehene und Gelesene durch die vorgeschlagene Tabelle (s. Aktionskarte **M6/7**).

Die *Synagoge* wird in ihren wichtigsten Elementen dargestellt (**M7**). Sch können eine einfache Synagoge nachbauen oder zeichnen. Wenn eine Lerngruppe die Gelegenheit hat, eine Synagoge zu besuchen, sollte sie das tun. Adressen und Telefonnummern der Synagogen Deutschlands finden sich im Beiheft zu den Folien „Das Judentum" (s. Literaturverzeichnis), Seite 208–220. Die nächst gelegene Synagoge kann aber auch über die örtlichen Stadt- bzw. Gemeindeverwaltungen erfragt werden. Lassen Sie sich die Telefonnummer der Ansprechpartner geben, die häufig nicht öffentlich sind. Eine Terminabsprache ist unbedingt nötig. Ihre Sch (Männer) sollten eine Kopfbedeckung mitbringen.

Die Aktionskarte **M7a** schlägt vergleichsweise bescheidenes „Agieren" vor: Anschauen von Bildern, evtl. auch eines Videos (Der Sabbat und die Synagoge s.o.), Internet. Ein Vergleich von Kirche und Synagoge bietet sich an.

Übrigens gehen jüdische Sch genauso „gern" und „oft" in die Synagoge wie christliche in die Kirche – nach der Bar Mizwa bzw. der Konfirmation nur noch selten (!) …

Speiseregeln haben Christen nicht – oder doch…? In **M8** können die Sch erfahren, weshalb Juden (und Muslime) bestimmte Speisen nicht essen. Verschiedene Texte geben Auskunft über das Gebot des koscheren Essens. Früher haben Christen auch striktere Speiseregeln gehabt, z.B. das Verbot, in der Fastenzeit Fleisch zu essen. Das ist für die Sch aber „Geschichte", hat mit ihnen nichts zu tun. Aber wenn wir sie nach ihren Abneigungen fragen, werden sie viele Dinge nennen, die im Judentum auch nicht gegessen werden. Das Böcklein, das nicht in der Milch seiner Mutter gekocht werden soll (5 Mose 14,21), ist der Hinweis auf heidnische Götzenopfer. Deshalb werden Sahnesoßen zu Fleisch im Judentum auch heute nicht gegessen.

Das *Brotrezept* **M8e** ist leicht nachzubacken. Gegessen wird dieses Brot vor allem am Vorabend des Sabbat. Man kann aber auch am Ende der Einheit ein (oder mehrere) Brot(e) backen und gemeinsam essen.

Die *Gebete* **M9** sind eine Auswahl. Auf eine Aktionskarte wurde verzichtet, weil Gebete immer auch etwas Privates sind. Es bietet sich aber an, die Sch christliche Gebete suchen zu lassen, die im Duktus und der Wortwahl den jüdischen ähnlich sind.

Die Zeichen des Judentums *Menora* und *Magen David* (Davidstern) haben jeweils eine Aktionskarte (**M9a** und **M9b**). Die Sch werden aufgefordert, spielerisch zeichnend kreativ mit den Symbolen umzugehen.

Neben dem Begriff „Davidstern", der durch den Nationalsozialismus als Schandzeichen belastet ist und immer noch in Schmierereien auf jüdischen Friedhöfen und Gedenkstätten vorkommt, wurde der Begriff „Magen David" benutzt. Das ist hebräisch und bedeutet „Schild Davids". Das Zeichen selbst ist als Dekoration schon in der Antike gebraucht worden.

Die Planung einer Ferienfreizeit (**M10**) ist natürlich etwas utopisch für Sch einer 5. oder 6. Klasse. Allerdings hat es schon Sch dieses Alters gegeben, die mit Hilfe ihrer L erstaunliche Dinge umgesetzt haben.

Hier ist erst einmal an eine *gedankliche Freizeit* gedacht. Die Sch sollen alles, was sie bis jetzt erarbeitet haben, bedenken. Und wenn daraus mehr entstehen sollte – wer weiß?

Infokarte:
Lexikonkartei   M1

Bar Mizwa	„Sohn der Pflicht" Fest für Jungen: Lesen der Tora, Aufnahme in die Gemeinde
Bat Mizwa	„Tochter der Pflicht" Fest für Mädchen: Aufnahme in Gemeinde
Beschneidung	Entfernung der Vorhaut bei Jungen am 8.Tag nach der Geburt
Chanukka	Lichterfest in Erinnerung an die Tempelweihung
Ewige Lampe	Licht in der Synagoge: besondere Nähe Gottes
Gebetsmantel (Tallit)	Großes weißes Tuch mit dunklen Streifen, zum Gebet zu tragen
Jiddisch	Früher Volkssprache der Juden, dem Deutschen ähnlich
Jom Kippur	Sühnefest – höchster Feiertag des Judentums
Kaddisch	Lobgebet: „Geheiligt werde der Name Gottes…", besonders bei Beerdigung
koscher	Rein im Sinn der Tora: z.B. kein Schweinefleisch
Mazzen	Ungesäuerte Brote, während des Passafestes gegessen
Menora	Zeichen des Judentums: siebenarmiger Leuchter
Mesusa	Schriftkapsel an der Tür mit dem Bekenntnistext „Höre Israel"
Rabbi	Auch „Rabbiner": Lehrer, auch einer Gemeinde
Sabbat	Ruhetag, an dem in Erinnerung an den 7.Schöpfungstag nicht gearbeitet wird
Schalom	Hebräisches Wort für Friede, Heil; Begrüßungswort
Sch'ma Israel	Wichtigstes Gebet der Juden: „Höre Israel, Jahwe, unser Gott ist einzig …"
Sederabend	Familienfest vor dem Pessach, gefeiert nach fester Ordnung (hebräisch: Seder)
Synagoge	Ort, an dem die jüdische Gemeinde sich zum Gebet versammelt
Tefillin	Gebetsriemen mit Gebetskapsel mit dem „Sch'ma Israel"
Tora	Die fünf Bücher Mose, regelmäßig und fortlaufend am Sabbat gelesen

Aktionskarte:
Spiel mit der Lexikonkartei: Buchstabensalat   M1a

– Nimm kariertes Papier und verteile waagrecht, senkrecht und diagonal viele Begriffe aus der Kartei.

– Schreibe die Bedeutung auf das Kontrollblatt.

– Fülle die restlichen Felder deines Aufgabenblatts mit beliebigen Buchstaben.

– Schwerer wird es, wenn du nicht sagst, wie viele Begriffe du versteckt hast.

Aktionskarte:
Spiel mit der Lexikonkartei: Kammrätsel   M1b

– Schreibe ein möglichst langes Wort in Druckbuchstaben auf.

– Ordne dann Begriffe aus der Kartei senkrecht dazu, so dass ein „Kamm" entsteht.

– Für alle Zinken des Kamms gibst du Erklärungen, das waagrechte Wort ist die Lösung.

Aktionskarte:
Spiel mit der Lexikonkartei: Wegespiel   M1c

– Zeichne einen langen Weg auf eine DIN-A3-Pappe (Zeichenblock-Pappe).

– Markiere knopfgroße Felder auf dem Weg, etwa 20 rote, die anderen bleiben farblos.

– Es wird gewürfelt: Wer auf ein rotes Feld kommt, nimmt eine Fragekarte (*Was ist die Tora?*) vom Stapel und beantwortet die Frage.

– Wenn die Antwort richtig ist, darf er 3 Felder vor, wenn falsch, 3 Felder zurück.

– Weitere Regeln bestimmen die Mitspielenden.

Aktionskarte:
Spiele mit der Lexikonkartei: Lotto   M1d

– Lass dir eine Kopie der Kartei geben. Teile das Blatt der Länge nach und
  klebe auf die Rückseite der Antworten ein Bild. Zerschneide es an den Linien.

– Sortiere die Antworten spiegelbildlich und klebe sie auf eine Pappe.

– Jetzt kannst du dich selbst oder andere abfragen: *Was ist ein Tefillin?*

– Wenn du alle Fragen richtig beantwortet hast, ist das Bild wieder zu sehen.

Aktionskarte:
Spiel mit der Lexikonkartei: Domino   M1e

– Lass dir eine Kopie der Kartei geben. Schneide alle Kärtchen in der Waagrechten
  auseinander, so dass immer ein Bebriff und seine Erklärung ein Streifen sind.

– Lege sie zu einer langen Kette irgendwie hintereinander.

– Vorsichtig schneidest du nun eine Antwort ab und klebst sie auf ein Stück Papier
  (besser Pappe), ganz nach rechts.

– Links malst du ein Symbol (die Menora?) als Anfangszeichen.

– Dann arbeitest du weiter: immer eine Antwort und eine Frage auf ein Kärtchen kleben.

– Das wird dann gemischt und muss wieder richtig zusammengelegt werden. Frage und
  Antwort müssen passen, sonst geht das Spiel nicht auf und der Spieler hat verloren.

Aktionskarte:
Spiel mit der Lexikonkartei: Bingo   M1f

– Jeder Mitspieler zeichnet sich ein Spielfeld mit 8mal 8 Feldern.

– In jedes Feld trägt er einen Begriff aus der Kartei ein.

– Ein Spieler ruft aus: „Wie nennt der Jude die fünf Bücher Mose?"

– Wer „Tora" als erster ruft, darf den nächsten Begriff aufrufen (Natürlich einen, den
  er auf seinem Spielfeld hat!). Alle, die den Begriff haben, dürfen ihn auskreuzen.

– Gewonnen hat der, der zuerst alle Begriffe gefunden hat.
  (Die Spielregeln werden von der Gruppe festgelegt.)

Infokarte:
Tabelle der jüdischen Feste 2004 bis 2011   M2

	2004	2005	2006	2007	2008	2009	2010	2011
Ernste Feste								
Rosch Haschana Neujahrsfest	16.09. bis 18.09.	04.10. bis 05.10.	23.09. bis 24.09.	13.09 bis 14.09.	30.09. bis 01.10.	19.09. bis 20.09.	09.09. bis 10.09.	29.09. bis 30.09.
Jom Kippur Versöhnungsfest	25.09.	13.10.	02.10.	22.09.	09.10.	28.09.	18.09.	08.10.
Pessach Fest der ungesäuerten Brote	06.04. bis 13.04.	24.04. bis 30.04.	13.04. bis 19.04.	03.04. bis 09.04.	20.04. bis 26.04.	09.04. bis 16.04.	30.03. bis 06.04.	19.04. bis 26.04.
Wallfahrtsfeste								
Schavuot Wochenfest	26.05. bis 27.05.	13.06. bis 14.06.	02.06. bis 03.06.	23.05. bis 24.05.	09.06. bis 10.06.	29.05. bis 30.05.	19.05. bis 20.05.	08.06. bis 09.06.
Sukkot Laubhüttenfest	30.09. bis 07.10.	18.10. bis 25.10.	07.10. bis 14.10.	27.09. bis 04.10.	14.10. bis 21.10.	03.10. bis 10.10.	23.09. bis 30.09.	13.10. bis 20.10.
Simchat Tora Fest der Torafreude	08.10.	26.10.	15.10.	05.10.	22.10.	11.10.	01.10.	21.10.
Freudenfeste								
Chanukka Lichterfest	08.12.	26.12.	16.12.	05.12.	22.12	12.12.	02.12.	21.12.
Purim Losfest	07.03.	25.03.	14.03.	04.03.	21.03.	10.03.	28.02.	20.03.

Aktionskarte:
Klassenkalender

M2a

Stellt für eure Klasse einen Kalender her.

Dazu braucht ihr einen Blanko-Kalender oder einen abgelaufenen Kalender mit Spiralbindung oder ein Poster für das ganze Jahr mit kleinen Feldern.

Da tragt ihr eure Geburtstage ein, die christlichen Fest- und Feiertage und die jüdischen (s. **M2**). Wisst ihr auch die muslimischen?

Gebt den verschiedenen Gruppen unterschiedliche Farben, hängt mit Fäden Infos und Bilder dran.

Sprecht über die Feste und ihre Bräuche.

Ihr könnt auch mehrere Kalender herstellen – zum Verschenken oder Verkaufen (Schulfest, Basar …)

Infokarte:
Miriam freut sich auf Pessach

M3

„Heute hab ich keine Zeit!", ruft Miriam im Laufen ihrer Freundin Kira zu.

„Aber wir sind doch verabredet!", protestiert Kira. „Zum Skaten. – Hast du es vergessen?"

Da dreht sich Miriam um und sagt: „Tut mir Leid, Kira. Aber heute braucht mich meine Mutter. Wir feiern *Pessach*, weißt du? Seit einer Woche ist Mutti schon mit den Vorbereitungen beschäftigt. Und gestern Abend hat sie gesagt: Miriam, diesmal darfst du das Pessach-Geschirr spülen, morgen, gleich nach der Schule. Letztes Jahr hat sie noch gesagt, ich wäre zu klein …"

Kira sieht Miriam erstaunt an. Sie findet, das klingt nach langweiliger Arbeit. Aber Miriam sieht aus, als ob der Auftrag Ehrensache ist.

„ Weißt du was?", fährt Miriam fort. „Komm doch nachher bei mir vorbei und bring deine Inliners mit. Wenn du mir beim Spülen hilfst, werde ich schneller fertig und wir können anschließend skaten. Mutti freut sich bestimmt."

Kira nickt zögernd. Freiwillig bei der Hausarbeit helfen, also wirklich …

Später, beim Abtrocknen des Pessach-Geschirrs, fragt Kira ihre Freundin, warum denn alles so sorgfältig gereinigt wird. „Wir denken an damals", sagt Miriam ernst. „Wir wollen es miterleben, genau so, wie es damals war, als Gott uns befreite."

„*Uns*?", fragt Kira verständnislos.

„Uns, das Volk Israel", sagt Miriam mit Würde. Und sie erzählt, was ihr wichtig ist.

Dass die Israeliten einst Fronarbeiter des Pharao waren, vor langer Zeit, in Ägypten. Dass sie sich nach Freiheit sehnten und dass Gott ihre Not erkannte. Er sandte ihnen Mose, der sie aus Ägypten herausführen sollte. Ein Fluchtplan wurde geschmiedet. Geheime Zeichen wurden verabredet und es wurde beschlossen, kein gesäuertes Brot mitzunehmen. Das Ganze war ein großes Wagnis – und wäre auch fast schief gegangen, als der Pharao sie plötzlich mit Streitwagen verfolgen ließ! Aber die Flüchtlinge vertrauten Mose – und dem, der ihn gesandt hatte. Ihre Hoffnung ging in Erfüllung. Sie erfuhren auf der Flucht vor den Soldaten des Pharao und später, auf einer mühevollen Wanderung durch die Wüste, dass Gott bei ihnen aushielt. Dass er sie beschützte und um sie rang. Damals haben sie ihren Gott kennen gelernt – als den, der bei seinem Volk ist, der es kennt und der es rettet.

Miriam erzählt die Geschichte so, dass Kira spüren kann, wie wichtig sie ist.

„Und was hat das mit dem Hausputz zu tun?", fragt sie und hält ihr Geschirrtuch hoch.

„Wir feiern Pessach zur Erinnerung an diese Flucht", sagt Miriam. „Den *Exodus*, wie wir sagen. Und darum bereiten wir uns genauso sorgfältig auf dieses Fest vor wie damals die Israeliten auf die Flucht."

„Dann gibt es wohl … *Regeln*, wie das alles ablaufen soll?", vermutet Kira.

„Regeln vielleicht nicht", meint Miriam. „Aber *Bräuche*." Sie besinnt sich und erzählt:

Fortsetzung auf Seite 118

Fortsetzung von Seite 117

„Das fängt damit an, dass das jüngste Kind der Familie ein Stück gesäuertes Brot finden muss, das vorher versteckt wurde. Das macht in diesem Jahr mein kleiner Bruder. Der freut sich schon. Das gefundene Brot wird am nächsten Morgen verbrannt.

Am *Sederabend,* dem Abend vor dem Pessachfest, sitzt die ganze Familie am Tisch. Alle sind eingeladen, sogar Fremde. Der Tisch ist festlich gedeckt mit Kerzen, Gläsern und silbernen Bestecken. Neben jedem Gedeck liegt eine *Haggada,* das ist eine Ordnung über die Reihenfolge der Gebete und Gesänge. Vater spricht den ersten Segen über den Wein und alle trinken. Dann nimmt er Petersilie vom großen Sederteller und hält sie in Salzwasser. Er nimmt auch das Ei und den angebrannten Knochen, zeigt auf das Mazzenbrot und sagt: „Seht das Brot der Armen, das unsere Väter in Ägypten aßen. Jeder, der hungrig ist, komme und esse und feiere das Pessachfest."

„Halt! Stop!" sagt Kira. „Was ist Mazzen? Wieso Ei und angebrannter Knochen?"

„*Mazzen* ist so ähnlich wie Knäckebrot, ohne Hefe oder Sauerteig gebacken. Und die anderen Dinge sind Zeichen dafür, wie arm die Israeliten in Ägypten waren. Armut schmeckt bitter, sagt Mutti, wie salzige Petersilie."

Kira guckt sie zweifelnd an: „Und das soll ein Fest sein?"
„Ja," sagt Miriam, ohne zu zögern. „Weil es Bedeutung hat." Dann erzählt sie zu Ende: „Wir essen dann noch *Gefillte* (das ist: gefüllter) *Fisch,* es gibt Hühnerbrühe und leckeres Gemüse. Zum Schluss sagen alle: „Nächstes Jahr in Jerusalem!" Das war immer wichtig für die Juden, die weit weg von der heiligen Stadt Jerusalem wohnten."

„Ich bin doch … eine Fremde", sagt Kira schließlich. „Also: lad mich ein!"

Am Sederabend, nachdem der zweite Becher Wein eingeschüttet worden ist, fragt der Jüngste der Tischgemeinschaft:

Mah ni schta'nah ha'leila ha'seh?

Das heißt auf Deutsch: Was unterscheidet diese Nacht von allen anderen Nächten?

Die Antwort ist: In allen anderen Nächten können wir Gesäuertes und Nichtgesäuertes essen, in dieser Nacht nur Ungesäuertes.

In allen anderen Nächten können wir verschiedene Kräuter essen, in dieser Nacht nur bittere Kräuter.

In allen anderen Nächten brauchen wir nicht ein einziges Mal einzutunken, in dieser Nacht zweimal.

In allen anderen Nächten können wir freisitzend oder angelehnt essen, in dieser Nacht sitzen wir alle angelehnt.

Aktionskarte:
Sedertisch

M3a

„Deckt" nun selbst einen Sedertisch:

■ Malt oder bastelt alle Gegenstände, die Miriam und ihre Mutter aufdecken müssen.
■ Schneidet sie aus und klebt sie auf eine rechteckige Pappe (den Tisch).
■ Beschriftet sie mit kurzen Erklärungen ihrer Bedeutung für das Fest.

Oder: Malt den ganzen Tisch mit den Gästen und dem jüngsten Kind.

Die wichtigsten Gegenstände sollen außerdem in den Klassenkalender eingefügt werden – als Bild oder „Anhängsel".

Infokarte:
Chanukka oder Weihnachten?

M4

Es ist Advent. Kira und Miriam bummeln durch die weihnachtlich geschmückte Stadt. Vor einem der Schaufenster bleibt Kira stehen und zählt auf, was sie sich zu Weihnachten wünscht. „Und was wünschst du dir?", fragt sie Miriam. „Wir feiern nicht Weihnachten", sagt Miriam. „Aber ein Lichterfest haben wir auch." Weihnachten – ein *Lichterfest?* Kira stutzt.

Klar, sie erinnert sich an viele Worte vom Licht, die mit Advent und Weihnachten zu tun haben: … *Advent, Advent, ein Lichtlein brennt* … Und: *Es brennt ein Lichtlein in unserm Haus, wo draußen alles verloren … Das Volk, das in der Finsternis saß, hat ein großes Licht gesehen* …

Sie selbst denkt zuerst … naja, an die Geschenke … und dann: an das Kind in der Krippe.

„Was bedeutet denn für euch das Licht?", fragt sie überrascht, als ihr einfällt, dass die Juden Jesus nicht als Heiland und Gottes Sohn verehren.

Miriam erzählt: „Wir erinnern uns an die Zerstörung des Tempels in Jerusalem. Dabei wurde das Öl für die Leuchter verschüttet. Nur ein kleiner Rest wurde gerettet. Man ist sehr sparsam damit umgegangen und – es war wie ein Wunder – das heilige Licht brannte, bis man neues heiliges Öl hatte, acht Tage lang. Dieses Wunder feiern wir in der Zeit, in der ihr Advent und Weihnachten feiert, acht Tage lang.

Das Fest heißt *Chanukka*. Da werden Leuchter gesegnet und es gibt ein besonders gutes Essen. Früher bekamen die Kinder einen *Trendel*, das ist ein Kreisel, und etwas Geld geschenkt. Aber heute gibt es auch andere Geschenke – aber nicht so viele wie bei euch!"

Aktionskarte:
Chanukka: Leuchter und Trendel   **M4a**

Zeichnet einen Chanukka-Leuchter und einen Trendel und fügt diese Zeichen in euren Festkalender ein.

Aktionskarte:
Chanukka erleben   **M4b**

In vielen Städten feiern jüdische Gemeinden heute Chanukka öffentlich:
Ein Gemeindemitglied entzündet das Licht, Gebete werden gesprochen.

Ihr dürft dabei sein.

Erkundigt euch, wo das passiert. „Wann" wisst ihr aus eurem Klassenkalender.

Haltet das Erlebte anschließend fest, z.B., indem ihr malend, dichtend oder bastelnd die Bedeutung eines Lichtes in der Dunkelheit/des heiligen Lichtes inmitten von Gewalt und Zerstörung darstellt.

Infokarte: Beschneidung M5

Christoph geht in die 6. Klasse einer Gesamtschule in Hannover. Dort lernt er Samuel kennen. Sie werden Freunde.

Eines Tages traut sich Christoph zu fragen: „ Sag mal, Samuel, stimmt es, dass Juden *beschnitten* sind?" Sobald er das gesagt hat, hätte er am liebsten die Worte wieder zurückgeholt, so schlimm hört sich das auf einmal an. So was fragt man doch nicht! Jetzt ist Samuel bestimmt stinksauer!

Aber der grinst nur und sagt: „Das darfst du ruhig fragen. Ja, am achten Tag nach der Geburt wird ein jüdischer Junge beschnitten."

Dann erzählt Samuel von der Familienfeier, von den Fotos, die gemacht wurden, von seinem stolzen Vater. Er weiß auch, was die Beschneidung bedeutet: Er trägt ein *Zeichen* am Körper, ein Zeichen für den *Bund Gottes* mit dem Volk Israel.

Heute wird die Beschneidung häufig im Krankenhaus gemacht, aber es gibt auch noch den *Mohel,* den Beschneider, der vorsichtig die Vorhaut entfernt und einen Verband anlegt. Das Kind hat den Schmerz schnell vergessen. Es wird von allen verwöhnt und beschenkt und gehört dann schon fast zur Gemeinde.

„Also eigentlich," sagt Christoph, „eigentlich ist das so ähnlich wie bei uns die Taufe. Davon weiß ich auch nur durch die Fotos, die meine Oma zeigt. Und von meiner Patentante habe ich einen silbernen Löffel."

Infokarte: Bar Mizwa M6

Jeder jüdische Junge, der 13 Jahre alt ist und in der Tora lesen kann, freut sich auf die Bar-Mizwa-Feier, ein großes Familienfest. So ist das auch bei Samuel.

Samuel freut sich über seinen Gebetsmantel, den *Tallit,* der eigentlich ein großer weißer Schal mit langen Fransen ist. Dazu hat er eine neue *Kippa,* ein Gebetskäppchen, das mit Goldfäden bestickt ist. Um den linken Arm und den Kopf trägt er Lederriemen, die *Tefillin.* In den Kapseln an den Enden sind kleine Kästchen angebracht, die den Text des Glaubensbekenntnisses tragen (Lies dazu **M9**).

Dann kommt der spannende Augenblick: Samuel wird aufgerufen, vor der versammelten Festgemeinde in der Synagoge aus der Tora vorzulesen. Dazu muss er die Stufen der *Bema* hochgehen, den silbernen *Lesefinger* nehmen und lesen, auf Hebräisch. Eigentlich ist das kein Lesen, sondern eher ein Singen, aber Samuel macht das nichts aus: gelernt ist gelernt.

Anschließend wird gefeiert. Samuel hält eine Rede. Das ist üblich und er soll damit zeigen, dass er nun erwachsen ist. Er bedankt sich bei seinen Eltern für alles, was sie für ihn getan haben.

Aktionskarte:
Vergleiche ...   M5/6a

Lege eine Tabelle an, in der die Merkmale der jüdischen und der christlichen Feiern zur *Begrüßung eines Kindes* und zum *Übertritt ins Erwachsenenalter* verglichen werden können. (Die hier abgedruckte Tabelle ist viel zu eng zum Ausfüllen; sie soll nur ein Beispiel sein – verwende gern andere und mehr (!) Stichworte!)

	Beschneidung	Taufe
Ablauf		
Zeichen		
Bedeutung		
	Bar/Bat Mizwa	**Konfirmation oder Firmung**
Ablauf		
Zeichen		
Bedeutung		

Markiere Stellen, wo deiner Meinung nach keine Übereinstimmungen sind.
Diskutiert eure Ergebnisse in der Gruppe.

Infokarte:
Die Synagoge   M7

Die Synagoge ist das Gottesdiensthaus der Juden. Eigentlich braucht man nur einen Tisch, auf den die Torarolle gelegt werden kann, und einen Schrank für die Torarollen.

Aber die meisten Gemeinden haben auch Stühle und abschließbare Kästen an den Sitzplätzen für den Gebetsmantel und die Gebetsbücher.

Es gibt eine *Bema,* ein Podest, von dem aus gelesen wird.

Man findet die Zeichen des Judentums: die *Menora* (den siebenarmige Leuchter), den Chanukka-Leuchter (achtarmig mit einem „Diener", d.h. einem zusätzlichen Arm, s. **M4a**) und den *Magen David* (Davidstern, s. **M9**), gestickt auf Samtdecken.

Der *Toraschrein* ist der besondere Stolz vieler Gemeinden. Gefüllt ist er mit mehreren Rollen, die meistens geschenkt wurden. Torarollen werden bis heute von Hand geschrieben! Auf der Außenwand des Schreins sind die Gesetzestafeln des Mose und der brennende Dornbusch abgebildet. Hier ist auch meistens das *Ewige Licht.*

In der Synagoge sitzen die Männer unten, die Frauen oben auf der Empore.

Aktionskarte:
Die Synagoge

M7a

Könnt ihr eine Synagoge besuchen? Wenn nicht, müsst ihr euch mit Hilfe von Fotos ein Bild machen:

– Schaut euch Folien an,
– Bilder aus Sachbüchern,
– guckt ins Internet.

Was ist für euch „typisch Kirche", was „typisch Synagoge" – tragt es in die Umrisse ein. Am besten geht es, wenn die Abbildungen abgemalt oder größer kopiert werden.

Infokarte:
Was heißt: „koscher"?

M8

„Koscher" heißt zuerst einmal „rein, gemäß den Speisegesetzen". Im übertragenen Sinn heißt es dann aber auch „sauber, ehrlich, in Ordnung". Wenn etwas *nicht koscher* ist, sollte man die Finger davon lassen.

Koscheres Essen bekommt man in Flugzeugen (wenn man es vorher bestellt), in Restaurants und in vielen Familien in Israel. Für Israelis bedeutet „koscher" erst einmal eine Trennung von allem, was mit Milch zu tun hat, und allem, was mit Fleisch zu tun hat.

Orthodoxe Juden verlangen sogar eine Trennung der Küche: auf einer Seite Geschirr, Töpfe und Spülbecken für Nahrungsmittel, die Milch enthalten, auf der anderen Seite Geschirr, Töpfe und Spülbecken für Nahrungsmittel, die Fleisch enthalten.

„Koscher" bedeutet aber auch: kein Verzehr von Schweinefleisch, Schalentieren und Blut. Da aber bei jedem Tier beim Schlachten Blut anfällt, erfordern die Speiseregeln das rituelle Schlachten von Tieren. Dabei wird dem Tier ein Schnitt an der Halsschlagader beigebracht und dann lässt man das Blut ablaufen. Diese Schlachtmethode wird auch von Muslimen angewandt, man nennt sie *schächten*.

Aktionskarte:
Speisegebote: Regeln des Zusammenlebens in der Bibel   M8a

„Du sollst nichts essen, was dem Herrn ein Gräuel ist ...

Dies aber sind die Tiere, die ihr essen dürft:

_____

Diese Tiere aber sollt ihr nicht essen:

_____

Dies ist, was ihr essen dürft von allem, was im Wasser lebt:

_____

Und die Vögel ...?

_____

... denn du bist ein heiliges Volk dem Herrn, deinem Gott.
Du sollst das Böcklein nicht kochen in der Milch seiner Mutter."

– Schlagt nach und tragt ein, was im 5. Buch Mose, Kapitel 14, Verse 3-21 aufgezählt wird.
– Diskutiert die Begründung, die die Speisegesetze in dem Bibeltext haben.

Infokarte:
Koscher essen in Deutschland?   M8b

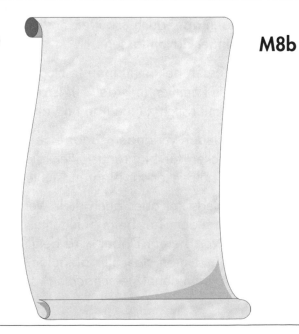

Tragt möglichst viele Informationen zusammen:
Wo gibt es koscheres Fleisch? Wo werden
Milch- und Fleischprodukte noch getrennt?
Welche Juden in eurer Umgebung beachten
die Speisevorschriften und welche können
sie einhalten?

Überlegt selbst: Was könntet ihr einem
„traditionellen" Juden zu essen anbieten,
was nicht?

Stellt eine Speisekarte mit koscherem
Essen zusammen.

Aktionskarte:
Das mag ich nicht!

M8c

Sammelt Speisen, die ihr nicht essen wollt.
Erstellt eine Mind-Map, in die ihr nach Gruppen sortiert:

- Das kann man nicht essen (Regenwürmer)!

- Das essen manche Menschen, wir aber nicht (Ameisen)!

- Das essen wir in Deutschland, aber viele Menschen essen das nicht (Leber).

- Das mag ich nicht (Spinat)!

Findet ihr noch mehr Gruppen?
Überlegt, weshalb Menschen bestimmte Dinge nicht essen.

Aktionskarte:
Brotrezept

M8d

Die **Cha'lah** (Betonung auf der zweiten Silbe) isst man am Sabbat.

– **5–6 Tassen Mehl** in eine Schüssel geben.

– In einer Vertiefung **1 Päckchen Hefe** mit **1/2 Tasse warmem Wasser** und
  2 Teelöffeln Zucker zu einem Vorteig verrühren. An einem warmen Ort abgedeckt stehen
  lassen.

– Dann **2 Eier**, **2 Teelöffel Salz**, **1/2 Tasse Öl** und **1 Tasse warmes Wasser** dazugeben
  und alles zu einem Teig verkneten. An einem warmen Ort abgedeckt so lange „gehen"
  lassen, bis sich der Teig verdoppelt hat.

– Wieder durchkneten, in drei Teile teilen und zu einem kurzen dicken Zopf flechten.
  Auf Backblech legen. Wieder an warmem Ort „gehen" lassen, dann **1 Eigelb** mit
  einem Teelöffel Wasser verquirlen, die Cha'lah bestreichen und mit **Sesam** oder **Mohn**
  bestreuen.

Backen bei ca. 200° C etwa 30 Minuten,
bis die Cha'lah goldgelb ist.

Infokarte:
Das Morgengebet: A'don O'Lam   **M9/I**

Der Herr der Welt, er hat regiert, eh' ein Gebild geschaffen war,
Zur Zeit, da durch seinen Willen das All entstand, da wurde sein Name König genannt,
Und nachdem das All aufhören wird, wird er allein, der Ehrfurchtbare, regieren.
Er war, er ist, und er wird sein in Herrlichkeit.
Er ist einzig, und kein Zweiter ist da, ihm zu vergleichen, zuzugesellen.
Er ist ohne Anfang, ohne Ende, ihm ist die Macht und die Herrschaft.
Er ist mein Gott, und mein Erlöser lebt, der Fels meines Anteils zur Zeit der Not.
Er ist mein Panier und Zuflucht mir, der den Kelch mir reicht am Tage, da ich rufe.
In seine Hand empfehle ich meinen Geist zur Zeit, da ich schlafe und erwache,
Und mit meinem Geist auch meinen Leib, Gott ist mit mir, ich fürchte mich nicht.

Sidur Sefat Emet (Jüdisches Gebetbuch)

Infokarte:
Das Tischgebet   **M9/II**

Segensspruch über das Brot:

Gelobt seist du, Ewiger, unser Gott, König der Welt,
der du Brot aus der Erde hervorbringst.   *Sidur Sefat Emet (Jüdisches Gebetbuch)*

Infokarte:
Das Glaubensbekenntnis   **M9/III**

Das *Sch'ma Israel* besteht aus drei Texten:

5 Mose 6,4–9; 11, 13–21 und 4 Mose 15,37–41.

In der Gebetskapsel (*Mesusa*), die an jeder Tür eines jüdischen Hauses hängt und
beim Betreten und Verlassen berührt wird, ist der erste Text.

Diese Verse werden morgens und abends gesprochen:

Höre, Israel! Jahwe, unser Gott, Jahwe ist einzig.
Darum sollst du den Herrn, deinen Gott, lieben mit ganzem Herzen,
mit ganzer Seele und mit ganzer Kraft.

5 Mose 6,4-5

Aktionskarte:
Die Menora

M9a

Wie der „siebenarmige Leuchter" aussehen soll, ist genau beschrieben in
2 Mose 25,31–40

Und der Herr sprach zu Mose:

Sodann sollst du einen Leuchter   …   machen …

Sechs Röhren sollen von seinen Seiten ausgehen …

Eine jede Röhre soll …

Der Leuchter selbst aber soll …

Die Knoten und Röhren sollen aus einem Stück mit ihm sein, alles aus einem Stück in
getriebener Arbeit, aus reinem Gold.

Ferner sollst du sieben Lampen für ihn machen …

Schlage nach und vervollständige –in eigenen Worten oder, wenn du kannst,
mit einer Skizze. Vergleiche mit Abbildungen in Lexikon, Sachbuch oder Internet.

Infokarte:
Magen David (Davidstern)

M9/IV

Der *Magen David* oder auch Davidstern ist das bekannteste Symbol des Judentums.
„Magen" heißt übersetzt „Schild" – der Schild Davids auf Israels Fahne bedeutet:
David soll sie beschützen.

Das Zeichen ist aber viel älter als sein Gebrauch im Judentum.
Schon Jahrhunderte vor der Zeitrechnung lässt es sich bei
verschiedenen Völkern nachweisen. Im Mittelalter
galt es als Schutz vor bösen Geistern.

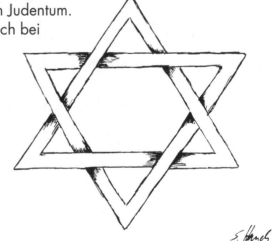

Eigentlich ist dieser Stern eine geometrische Form:
zwei gleichseitige Dreiecke werden übereinander
gelegt. So ergeben sich sechs Zacken und ein
Innenkreis. Die Zacken werden gedeutet als die
sechs Tage der Schöpfung, die Mitte als die
Schöpfungsruhe. Eine andere Erklärung heißt:
Schöpfung, Offenbarung, Erlösung, Gott, Welt und
Menschheit.

Der *gelbe Stern* als Zeichen der im Nationalsozialismus verfolgten und ermordeten
Juden wurde Symbol für den Aufbauwillen des jungen Staates Israel und ist deshalb bis
heute in allen Bereichen von Bedeutung.

Aktionskarte:
Magen David   M9b

– Zeichnet den Magen David!

– Schreibt in jeden Zacken ein Wort, das *euch* wichtig für das Judentum ist.

– Welche Worte würde *Samuel* eintragen?

_____   _____   _____

_____   _____   _____

Aktionskarte:
Checkliste für die Planung eines Ferienlagers   M10

Stellt euch vor, ihr plant ein gemeinsames Ferienlager für christliche und jüdische Jugendliche. Entscheidet über die folgenden Fragen:

Wann? _____

Wo? _____

Was wollen wir erreichen? _____

Weshalb wollen wir das? _____

Wie soll es ablaufen? _____

Wen kann man um Hilfe bitten? _____

Wer sollte informiert werden? Kommune, Zeitung, Schulleitung…? _____

Wie ist der Speiseplan? _____

F Reden mit Gott – Beten

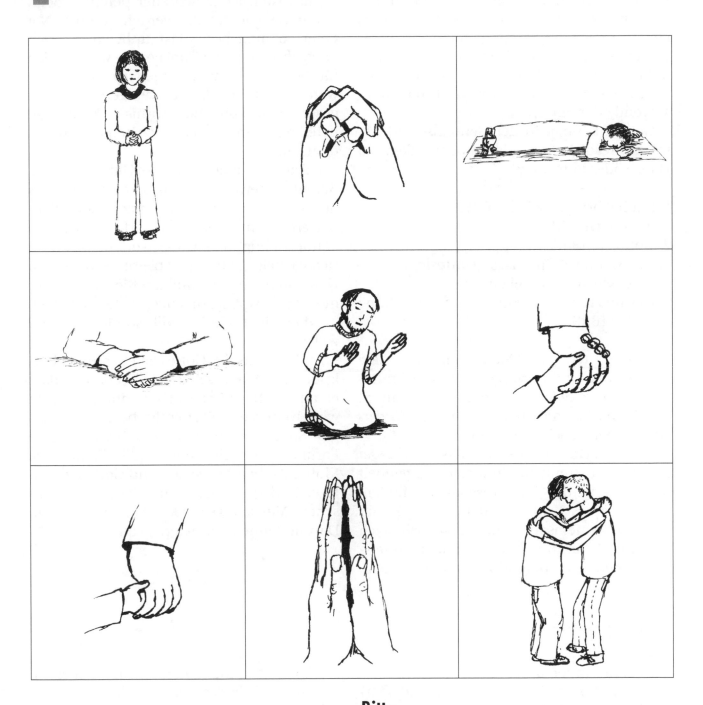

Bitte

Dank

Lob

1. Thematisches Stichwort

Beten ist die einzigartige Möglichkeit mit Gott in Kontakt zu treten. Hierzu bedarf es keiner fremden Hilfsmittel, keines besonderen Ortes und keiner bestimmten Zeit. Der Mensch kann sich Gott auf verschiedene Weise nähern: sprechend, still meditativ, singend oder tanzend.

Gebete können in der Gemeinschaft, z.B. im Gottesdienst, erfolgen oder allein zu Hause oder unterwegs.

Im Gebet bringen wir vor Gott,
- worum wir bitten,
- wofür wir danken,
- wie wichtig er für uns ist (Gotteslob),
- wozu wir stehen (Bekenntnis),
- was uns reut und wofür wir auf Vergebung hoffen (Buße).

Zu allen Zeiten haben Menschen in der Nähe Gottes Hilfe und Geborgenheit gesucht. Besonders in schwierigen Situationen erinnern sich Menschen an alte Betrituale, an *Kindergebete* oder Gebete der Konfirmandenzeit.

Ritualisierte Gebete wie das *Vaterunser* helfen in Extremsituationen, Geborgenheit und Halt in der Gemeinschaft zu finden. Gemeinsames Leiden findet Ausdruck und Trost im gemeinsamen Beten, wie z.B. nach dem Amoklauf in Erfurt, als viele betroffene Jugendliche sich betend zusammen fanden.

Ansonsten ist es Sch eher peinlich, beim Beten beobachtet zu werden. In der Not betet so mancher – fast unbewusst – ein *Stoßgebet.* Auch die Dankgebete werden sich für Sch eher situativ ergeben. *Tischgebete* werden nur noch in wenigen Familien gesprochen. Lob-, Bekenntnis- und Bußgebete begegnen den Sch höchstens in Gottesdiensten.

Bei allem Hoffen auf Gottes Hilfe sollte dem Betenden bewusst sein, dass er Gott nicht als quasi automatischen bzw. magischen *Wünscheerfüller* missverstehen darf, so als müsse er nur „richtig" beten, um zu erlangen, was er sich vorstellt. Gott ist und bleibt frei in seinem Handeln in der Welt und am Menschen – bis hin zur Unbegreiflichkeit. Jesus betet: „…aber nicht wie ich will, sondern wie du willst.…"

Andererseits ist Gottes Souveränität entlastend. Christen verlassen sich darauf, dass er auch lebensfördernd an ihnen handeln wird, wenn sie nicht „richtig" beten. Gott vergibt Sünden auch ohne „gute Werke". Seine Form der Gerechtigkeit ist die Gnade. Die Kluft zwischen Menschen und Gott ist durch Jesus Christus, seinen Sohn, der für die Menschen Mensch geworden ist, aufgehoben. Darum können wir beten: „Vater unser …" .

2. Kompetenzen

Die Schülerinnen und Schüler
- wissen, dass sie im Gebet immer und überall ein Gegenüber finden können,
- kennen verschiedene Gebetssituationen, können sie zuordnen und begreifen,
- wissen, dass Menschen zu allen Zeiten im Gebet Zuflucht gesucht haben,
- kennen Gebetshandlungen und Rituale,
- können eigene Gebete formulieren und in einem „Gebetbuch" sammeln.

3. Literatur zum Thema

Clasen, Winrich C.-W. u.a. (Hg.): Evangelischer Taschenkatechismus, CMZ-Verlag Rheinbach [3]2002

Lehmann, Harald: Beten – wie Christus es gelehrt hat. Texte – Anregungen – Bilder – Lieder zum Thema „Gebet" für den Religionsunterricht der Sekundarstufe I und II sowie Gemeindegruppen von Jugendlichen und Erwachsenen, av-edition im Jünger Verlag, Offenbach 1994

Schulz, Siegfried: Beten – Eigene Wege finden. 30 Arbeitsblätter mit didaktisch-methodischen Kommentaren. Sekundarstufe I, Ernst Klett Verlag Stuttgart 2000

Schweitzer, Friedrich, Mit Kindern beten ..., Loccumer Pelikan 2/93, S. 32–36

4. Orientierungsseite

Wo können *welche* Freiarbeitselemente *was* leisten?

Phase	Inhalte	FA-Elemente	FA-Materialien
Einstieg	Verschiedene Situationen, in denen Menschen beten	Sich fragend, überlegend, schreibend dem Beten nähern	**M1:** Geschichten vom Beten
Erarbeitung	Wichtige Gebete und Gebetshandlungen	Mit Hilfe von Arbeitsanweisungen Gebete besser verstehen und begreifen	Infokarten **M2–6:** dazu Aktionskarten
Vertiefung/Transfer	Neue Gebetsformen	Ein Interview mit Gott ausdenken; ein Fürbittengebet entwickeln und beten	**M7** und **M8**
Ergebnissicherung	Ein selbst gemachtes Gebetsbuch	In Gruppen planen, überlegen, diskutieren, Wege finden (Verschenken, Verkauf)	**M9:** Das Gebetbuch

5. Erläuterungen zu den Freiarbeitsvorschlägen

Kommunikation: „Nicht gesendet"

Kommunikation bedeutet für Sch heute SMS, E-Mail oder Telefon. So kann das Gedicht **M1a** am Anfang stehen, damit die Sch spüren, dass ein Gebet keine Hilfsmittel nötig hat. Mit Gott kann man immer und zu jeder Zeit sprechen.

... um meinetwillen ...

Es folgen Gebetssituationen, die die Sch sicher in ähnlicher Weise erfahren haben: das Stoßgebet in der Not (**M1b**), die Bitte um Heilung bei Krankheit (**M1c**), das spontane Dankgebet (**M1d**), das Tischgebet (**M1e**), die Bitte um Frieden (**M1f**), das Abendgebet (**M1g**), das Vaterunser (**M1h**) und das stille Gebet (**M1i**). Die Sch sind aufgefordert, diese Gebete zu lesen und zu bedenken sowie sie kreativ umzuschreiben.

Das kreative Schreiben wird – fast beiläufig – eine erste inhaltliche Gliederung ergeben: Es gibt Gebete der *Bitte und Klage* (**M1b, c, f, g, h**) sowie des *Dankes* (**M1d+e**).

Bitten und Klagen werden auf „Papiersteine" geschrieben, die zu einer „Klagemauer" auf ein Plakat zusammengeklebt werden. *Dankgebete* werden auf einem anderen Plakat gesammelt. Friedenswünsche können auf Friedenstauben festgehalten und in der Klasse aufgehängt werden.

... um Gottes Willen ...

Mit **M2** erweitert sich das inhaltliche Spektrum der Gebete. Hier geht es nicht um Wünsche des Menschen, sondern darum, *Gott zu loben*. Viele Kirchenlieder und Psalmen bieten Beispiele. Die Sch werden sie leicht an den Überschriften entdecken.

Zu **M3**: Sieger Köder wurde 1925 in Wasseralfingen geboren. Nach seinem Studium der Kunst arbeitete er als Kunsterzieher. Später studierte er katholische Theologie und war viele Jahre Pfarrer. Er schuf eine große Zahl beeindruckender Bilder zu biblischen Themen.

Auf dem Bild (am besten als Farbdruck oder -folie zur Verfügung stellen; s. S. Köder, Bilder zur Bibel) ist Hiob abgebildet, der alles verloren hat: seine Kinder, seine Habe, seine Gesundheit. Die Klage, die er vor Gott bringt, ist stellvertretend für alle Menschen, die unerträglichen Schmerz erleben müssen. Entsprechend lautet der Titel: *So gib mir Antwort*. Wir sehen ein Gesicht, in das sich Verzweiflung eingegraben hat. Die Fäuste sind geballt, als wolle er drohen. Im Hintergrund die Freunde Elifas, Bildat, Zofar und Elihu, die ihm einreden wollen, er sei selbst schuld an seinem Unheil. Aber auch das Ende der Hiobgeschichte ist festgehalten. Hiob blickt zum Himmel und bekommt eine Antwort auf seine Frage. Er versteht: „Vom Hörensagen nur hatte ich von dir vernommen; jetzt aber hat mein Auge dich geschaut."

Psalmen sind eine Sammlung von Gebeten, entstanden zu unterschiedlichen Zeiten und zu verschiedenen Zwecken. Entweder sind sie Gebete mit Anrede Gottes und Bitte oder es kommt die Klage dazu. *Psalm 22* (**M4**) stellt, wie Hiob, die Frage nach dem Warum. „Mein Gott, mein Gott, warum hast du mich verlassen?"(22,2) Die Arbeit mit dem Psalm stellt eine Verbindung zu dem Bild **M3** her. Trotz der Verzweiflung wird in diesem Psalm Gott gepriesen. „Du aber bist heilig, der du thronst über den Lobgesängen Israels."(22,4) Die Sch können bei der Bearbeitung die menschliche Not, aber auch die Zuversicht in Gottes Allmacht herausarbeiten. „Er klage es dem Herrn, der helfe ihm heraus und rette ihn, hat er Gefallen an ihm."(22,9) Sie können den Psalm auch mit verteilten Rollen lesen.

Gebetspraxis

M5a fragt nach der Bedeutung der verschiedenen Gebetshaltungen, die in der Praxis zu beobachten sind. Die Sch sollten dazu eine Kopie des Deckblatts der Einheit in die Hand bekommen. Es soll etwa Folgendes erarbeitet werden:

> Kreuzzeichen: Ich bin getaufter Christ.
> Händefalten: Ich konzentriere mich.
> Hände zusammenlegen: Ich gehöre zu dir. (Früher legte der Ritter so beim Treuegelöbnis seine Hände in die des Königs.)
> An die Brust schlagen: Zeichen der Reue
> Friedensgruß (Umarmung, Hände schütteln): Wir gehören zusammen.
> Gehen: Wir sind unterwegs zu Gott.
> Stehen: Ehrfurcht und Aufmerksamkeit
> Sitzen: Wir hören genau zu.
> Knien: Demut
> Rosenkranz: In der katholischen Kirche gebräuchliche Gebetsschnur, die in einem Kreuz endet. An ihm befinden sich 6 größere Perlen für je ein „Vaterunser" und 53 kleinere für je ein „Ave Maria".

Das *Vaterunser* (**M6**) ist das bekannteste Gebet der Christenheit. Jeder Christ lernt es beten. Es verbindet uns mit allen Christen auf der Welt. Es geht in großen Teilen auf das jüdische 18-Bittengebet zurück. Sch können leicht nachzählen, wie viele Bitten das Vaterunser enthält. Sie können den „Bauplan" erkennen zwischen der Anrede „Unser Vater im Himmel" und der Schlussformel „Amen" (hebr. So sei es). Jesus gibt seinen Jüngern sogar eine Gebetsanweisung mit. „Und wenn ihr betet, sollt ihr nicht sein wie die Heuchler … Geh in dein Kämmerlein und schließ die Tür zu und bete zu deinem Vater, der im Verborgenen ist …"(Mt 6,5ff.) Die Arbeitsanweisungen der Aktionskarten lassen sich leicht erweitern.

Zu **M7** *und* **M8**: Im Fürbittengebet formulieren die Sch Bitten für sich und andere. Eventuell können Zeitungen helfen, aktuelle Gebetsanlässe zu finden. Wie auf der Karte **M8** beschrieben, kann das Fürbittengebet aktiv gebetet werden. Zusätzlich kann an dieser Stelle das Loblied von **M2** gesungen werden. Das Fürbittengebet kann auch Teil eines Schulgottesdienstes werden.

Zu **M9**: Abschließend werden alle formulierten Gebete nach Themen sortiert (Lob, Dank, Klage, Abendgebet usw.). Das Gebetbuch kann verkauft, verschenkt oder für den eigenen Gebrauch benutzt werden.

Aktionskarte:
Meldung nicht gesendet

M1a

Reden oder Briefe schreiben
ist für Freddy reiner Stress.
Also lässt er's lieber bleiben
und schickt eine SMS.
Dies geschieht, wo er auch ist.
– Er ist Handy-Fetischist.

Jüngst war Freddy sehr in Nöten.
Alles lief auf einmal schief.
Geld und Freundin gingen flöten.
Freddy fühlt sich negativ.
Hilfe suchend im Bankrott
kommt er schließlich auch auf Gott.

> Jetzt bloß keine Zeit verschwenden,
> schnell 'ne Nachricht eingetippt.
> Doch an welche Nummer senden?
> Freddy wär fast ausgeflippt.
> Und die E-Mail kommt zurück,
> kaum, dass er sie angeklickt.
>
> *Wolfgang Pusch 2004*

1. Überlegt, warum Freddy eine SMS und eine E-Mail schreibt.
2. An wen richtet er seine Nachricht?
3. Warum kommt sie nicht an?
4. Wie, wo und wann könnte Freddy Gott erreichen?
5. Welche Hilfsmittel braucht er?

Aktionskarte:
Oh Gott!

M1b

Michael fuhr nach der Schule mit seinem Fahrrad nach Hause. Er war allein und freute sich auf das Mittagessen. Plötzlich stellten sich ihm Frank und Sven in den Weg. Wo waren sie nur so schnell hergekommen?
„10 € oder wir erzählen in der ganzen Klasse, mit wem wir dich gestern gesehen haben", herrschten sie ihn an.
„Oh, Gott hilf mir", betete er.

1. Wie könnte sich Michael aus der Situation befreien?
2. Wie löst er das Problem?
3. Kennst du ähnliche Situationen?
4. Michael spricht in seiner Not ein *Stoßgebet.* Erkläre, was mit diesem Begriff gemeint ist.
5. Schreibe auf „Steine"(Rechtecke aus Packpapier) eine Geschichte, bei der du oder ein anderer ein Stoßgebet gesprochen haben.
6. Klebt aus vielen Steinen eine „Klagemauer" auf ein Plakat.

Aktionskarte:
Um Gottes Willen!

M1c

Schon lange hat sie ihrer Mutter angemerkt, dass etwas nicht stimmt. Hilflos hat sie es mit angesehen. Gestern ist die Angst zur Gewissheit geworden. Ihre Mutter hat Krebs!
„Lieber Gott, lass sie nicht sterben. Mach sie wieder gesund!", betet sie inständig.

1. In großer Not beten viele Menschen zu Gott. Um was bittet die Tochter?
2. Welche anderen Notsituationen könnten zu einem Gebet führen?
3. Schreibe auf einen „Stein" ein ähnliches Gebet und klebe ihn auf die „Klagemauer".

Aktionskarte:
Gott sei Dank!

M1d

Er hatte die große Pause gar nicht genießen können. Gleich sollten sie ihre Mathearbeit zurück bekommen. Felix wollte nicht daran denken. Aber Frau Neubauer holte ihn in die grausame Wirklichkeit zurück. Wenn er diese Arbeit daneben geschrieben hatte, würde er sitzen bleiben. „Noch einmal die ganze Scheiße", dachte er. Da lag es vor ihm – sein Heft. Vorsichtig öffnete er es. „Eine Drei!", schrie er voll Freude. Er war gerettet.
„Danke, lieber Gott!", betete er.

In vielen Kirchen findet ihr Wände, an denen Menschen ihren Dank an Gott formuliert haben. Schreibt euren Dank auf und gestaltet damit ein Plakat.

Aktionskarte:
Tischgebete

M1e

1. Komm, Herr Jesus, sei unser Gast
   und segne, was du uns bescheret hast.

2. Danket dem Herrn, denn Er ist freundlich
   und Seine Güte wäret ewiglich.

Dies sind zwei bekannte Tischgebete, die früher oft in Familien gebetet wurden.

1. Hast du sie schon einmal gehört?
2. Kennst du Familien, in denen noch vor oder nach dem Essen gebetet wird?
3. Kannst du erklären, warum die Tradition des Tischgebetes nachgelassen hat? Frage auch deine Eltern und Großeltern danach.
4. Denkt euch ein eigenes Tischgebet aus und schreibt es auf.

Aktionskarte:
Eine gesungene Bitte

M1f

Dies ist ein Lied für den Frieden.

Schneidet Friedenstauben aus und schreibt darauf einen Friedenswunsch. Klebt sie auf ein Plakat oder hängt sie in der Klasse auf!

Hewenu schalom alejchem

Wir wollen Frieden für alle, / wir wollen Frieden für alle, / für alle Menschen hier auf Erden! / Wir wollen Frieden, Frieden, Frieden in der Welt!

Text und Melodie: überliefert aus Israel

Aktionskarte:
Gute Nacht

M1g

Lena verbrachte die Sommerferien gern bei ihrer Tante auf dem Land. Dort konnte sie so viel reiten, wie sie nur wollte. Außerdem stellte Tante Hilla nicht immer so doofe Fragen wie Mama, die sie nicht beantworten wollte. Abends brachte sie zusammen mit der Tante ihre kleine Cousine zu Bett. Lena las ihr eine Geschichte vor und dann betete Tante Hilla mit der Kleinen. Beruhigt schlief das Kind ein.

1. Kannst du dich an so ein Abendritual erinnern und weißt du noch, was du empfunden hast?
2. Kennst du noch ein Abendgebet? Wovon handelte es?
3. Schreibe ein Gebet deiner Kinderzeit auf oder denke dir ein Gebet aus, das man am Abend mit Kindern beten kann.

Aktionskarte:
Wie war das noch ...?

M1h

Er hatte den Kragen hochgezogen und fröstelte. Wo war er nur gelandet? Gedämpftes Licht umgab ihn und er fühlte sich plötzlich sehr müde. Stunden war er draußen herum geirrt – nach dieser Nachricht. Wie sollte er seiner Frau nur beibringen, dass er arbeitslos war? Gerade jetzt, wo sie ein Kind erwartete, auf das sie sich beide freuten. Er betrachtete den Altar mit dem Kreuz. Wie lange war er nicht mehr in einer Kirche gewesen! Konnte er überhaupt noch beten?
Da fiel ihm das Vaterunser ein ...

Das Vaterunser ist das Grundgebet der Christenheit. In jedem Gottesdienst wird es gebetet, auf der ganzen Welt, in allen Sprachen. Jesus selbst hat es seinen Jüngern vorgebetet.

1. Lies in der Bibel Mt 6,5–15.
2. Besprecht miteinander, was Jesus seinen Jüngern über das Beten sagt.

Aktionskarte:
Zum Nachdenken

M1i

Der Pfarrer ging in seine Kirche und sah dort einen einfach gekleideten Mann knien. Er dachte sich nichts dabei, denn jeden Tag kommen viele Menschen in seine Kirche, um dem lieben Gott von ihren Sorgen zu erzählen. Gelegentlich kommt auch einmal jemand, um dem lieben Gott zu danken.

Als der Pfarrer nach einer Stunde seine Kirche wieder verlassen wollte, sah er den Mann dort immer noch knien. Er ging zu ihm und fragte ihn: „Bitte sagen Sie mir, was Sie dem lieben Gott eigentlich die ganze Zeit erzählen?"

Daraufhin deutete der Mann auf das Kreuz mit Jesus Christus und entgegnete:
„Eigentlich gar nichts, Herr Pfarrer.
Ich schaue ihn an.
Und er schaut mich an."

Ulrich Stuhlmann

– Lies die kleine Geschichte.
– Überlege dir das „Gespräch ohne Worte" und schreibe es auf.

Infokarte:
Ich lobe meinen Gott

M2

1. Ich lobe meinen Gott von ganzem Herzen.
   Erzählen will ich von all seinen Wundern
   und singen seinem Namen.
   Ich lobe meinen Gott von ganzem Herzen.
   Ich freue mich und bin fröhlich, Herr, in dir. Halleluja!
   Ich freue mich und bin fröhlich, Herr, in dir. Halleluja!

> 2. Ich singe meinem Gott von ganzem Herzen.
>   Erzählen will ich von all seiner Liebe
>   und preisen seine Gnade.
>   Ich singe meinem Gott von ganzem Herzen.
>   Ich freue mich und bin fröhlich, Herr, in dir. Halleluja!
>   Ich freue mich und bin fröhlich, Herr, in dir. Halleluja!

3. Ich danke meinem Gott von ganzem Herzen.
   Erzählen will ich, dass er alle Menschen
   in seinen Händen trägt.
   Ich danke meinem Gott von ganzem Herzen.
   Ich freue mich und bin fröhlich, Herr, in dir. Halleluja!
   Ich freue mich und bin fröhlich, Herr, in dir. Halleluja!

EG 272 (T: nach Psalm 9, 2–3; M: Claude Fraysse 1976)

Aktionskarte:
Lob ausdrücken. Bewegung

M2a

Gebete kann man nicht nur sprechen, sondern auch singen und tanzen.

1. Singt das Lied der Infokarte **M2**.

2. Sucht in dem Lied die *Verben* und versucht,
   sie mit passenden Gesten darzustellen.

3. Macht zu dem Inhalt des Liedes einen einfachen Tanz. Setzt
   dazu die Gesten ein.

Aktionskarte:
Lob ausdrücken. Farben M2b

1. Welche Stimmung prägt das Lied der Infokarte **M2**?

2. Versucht, den Inhalt des Liedes mit Farben auszudrücken, und gestaltet ein Mandala. Gleiche Textteile könnt ihr durch passende Muster verdeutlichen.
3. Macht mit euren Bildern eine Ausstellung und deutet die Ergebnisse.

Aktionskarte:
Lob ausdrücken. Worte M2c

So wie das Lied der Infokarte **M2** gibt es viele weitere Lobgesänge.

1. Sucht in eurem Gesangbuch noch andere Lieder, in denen Gott gepriesen wird, und schreibt die Anfänge auf.

   EG 304: Lobet den Herren, denn er ist sehr freundlich …

2. Auch in der Bibel findet ihr, besonders in den Psalmen, Gebete, in denen Gott gelobt wird. Entdeckt ihr welche? Schreibt besonders auffällige Lobpreisungen auf.

   ~~Psalm 3: Ach Herr, wie sind meiner Feinde so viel …~~

Aktionskarte:
Hiob: So gib mir Antwort I   M3a

Hiob war ein Mensch, der viel Leid ertragen musste.
Das Bild von Sieger Köder zeigt Hiob in seiner Verzweiflung.

– Beschreibe Hiob – sein Gesicht, seine Hände und Haltung.
– Was siehst du im Hintergrund?

Sieger Köder

Aktionskarte:
Hiob: So gib mir Antwort II   M3b

Du siehst auf dem Bild einen furchtbar verzweifelten Menschen.

– Erfinde die Geschichte eines Menschen, der so verzweifelt ist.

Sieger Köder

Aktionskarte:
Hiob: So gib mir Antwort III   M3c

Hiob spricht in seiner Verzweiflung zu Gott.

Lies ihm sein Gebet an Lippen, Augen und Händen ab und
schreibe es auf.

Sieger Köder

Infokarte:
Psalm 22:   **M4**
Mein Gott, mein Gott, warum hast du mich verlassen?

Ich schreie, aber meine Hilfe ist ferne.

Mein Gott, des Tages rufe ich, doch antwortest du nicht, und des Nachts, doch finde ich keine Ruhe.

Du aber bist heilig, der du thronst über den Lobgesängen Israels.

Unsere Väter hofften auf dich; und da sie hofften, halfst du ihnen heraus. Zu dir schrien sie und wurden errettet, sie hofften auf dich und wurden nicht zu Schanden.

Ich aber bin ein Wurm, und kein Mensch, ein Spott der Leute und verachtet vom Volke. Alle, die mich sehen, verspotten mich, sperren das Maul auf und schütteln den Kopf: „Er klage es dem Herrn, der helfe ihm heraus und rette ihn, hat er Gefallen an ihm".

Du hast mich aus meiner Mutter Leibe gezogen; du ließest mich geborgen sein an der Brust meiner Mutter. Auf dich bin ich geworfen von Mutterleib an, du bist mein Gott von meiner Mutter Schoß an.

Sei nicht ferne von mir, denn Angst ist nahe; denn es ist hier kein Helfer.

Gewaltige Stiere haben mich umgeben, mächtige Büffel haben mich umringt. Ihren Rachen sperren sie gegen mich auf wie ein brüllender und reißender Löwe.

Ich bin ausgeschüttet wie Wasser, alle meine Knochen haben sich voneinander gelöst; mein Herz ist in meinem Leibe wie zerschmolzenes Wachs.

Meine Kräfte sind vertrocknet wie eine Scherbe, und meine Zunge klebt mir am Gaumen, und du legst mich in des Todes Staub.

Denn Hunde haben mich umringt, und der Bösen Rotte hat mich umringt; sie haben meine Hände und Füße durchgraben.

Ich kann alle meine Knochen zählen; sie aber schauen zu und sehen auf mich herab. Sie teilen meine Kleider unter sich und werfen das Los um mein Gewand.

Aber du, Herr, sei nicht ferne; meine Stärke, eile, mir zu helfen!

Errette meine Seele vom Schwert, mein Leben von den Hunden! Hilf mir aus dem Rachen des Löwen und vor den Hörnern wilder Stiere – **du hast mich erhört!**

Psalm 22, 2–8.10–22

Aktionskarte   M4a

Jesus hat den Psalm **M4** auch am Kreuz gebetet.

1. Lies den Psalm.

2. Markiere die Klage des Menschen gelb und das, was von Gott gesagt wird, rot.

3. Mache eine Skizze/Kurve vom Verlauf des Psalms (z.B. *tiefe* Verzweiflung, *hoch fahrende* Hoffnung …). Wie geht er aus?

4. Lest den Psalm mit verteilten Rollen.

5. Was hat der Psalm mit dem Bild **M3** gemeinsam?

Infokarte:
Kleines Lexikon „Kirchenlatein"   M5

In der Kirche werden oft Ausdrücke aus alten Sprachen benutzt: hebräisch, griechisch, latein.

Amen	= **So sei es!**
Halleluja	= **Gelobt sei Gott**
Kyrie eleison	= **Herr erbarme dich**
Christe eleison	= **Christus erbarme dich**
Gloria in exelsis deo	= **Ehre sei Gott in der Höhe**
Gloria patri	= **Ehre sei dem Vater**
Et in terra pax	= **Und Frieden auf Erden**
Credo	= **Glaubensbekenntnis**
Sanctus	= **Heilig**
Agnus Dei	= **Lamm Gottes**

Aktionskarte:
Gebetshaltungen   M5a

1. Schaut euch die Zeichnungen mit verschiedenen Gebetshaltungen an.

2. Was sollen sie ausdrücken? Findet Erklärungen und schreibt sie zu den passenden Zeichnungen.

3. Habt ihr schon einmal einen Rosenkranz gesehen? Das ist eine Gebetskette mit vielen Perlen. Fragt eure katholischen Mitschüler/innen danach. Vielleicht können sie auch einen mitbringen und euch zeigen und erklären.

4. Gibt es in der evangelischen Kirche andere Gebetshaltungen als in der katholischen? Schreibt die Besonderheiten auf.

Aktionskarte:
Kreuzworträtsel „Kirchenlatein"

M5b

Waagerecht
- 4. Christus erbarme dich
- 5. Christe, du Lamm Gottes
- 7. Und Frieden auf Erden
- 10. Herr erbarme dich

Löse das Rätsel mit M5.

Senkrecht
- 1. So sei es!
- 2. Ehre sei Gott in der Höhe
- 3. Ehre sei dem Vater
- 6. Gelobt sei Gott
- 8. Heilig
- 9. Glaubensbekenntnis

Kontrollblatt zur Aktionskarte:
Kreuzworträtsel „Kirchenlatein"

Aktionskarte:
Suchrätsel „Kirchenlatein"

M5c

In diesem Suchrätsel sind 10 Wörter versteckt.

1. GLORIA IN EXELSIS DEO
2. CHRISTE ELEISON
3. ET IN TERRA PAX
4. KYRIE ELEISON
5. GLORIA PATRI

6. HALLELUJA
7. AGNUS DEI
8. SANCTUS
9. CREDO
10. AMEN

T	H	R	G	C	A	A	G	N	U	S	D	E	I	I	U	H	G
G	L	O	R	I	A	I	N	E	X	E	L	S	I	S	D	E	O
M	G	I	H	A	L	L	E	L	U	J	A	B	A	M	E	N	M
F	W	P	T	Y	I	C	R	E	D	O	S	A	N	C	T	U	S
O	C	Q	G	L	O	R	I	A	P	A	T	R	I	K	Y	C	Y
K	Y	R	I	E	E	L	E	I	S	O	N	Q	J	D	M	F	Z
D	A	I	O	X	N	K	W	V	R	S	Z	I	M	K	S	E	K
O	V	O	L	C	H	R	I	S	T	E	E	L	E	I	S	O	N
N	F	E	T	I	N	T	E	R	R	A	P	A	X	Q	M	R	X
J	H	H	D	N	F	P	J	W	M	E	R	T	P	U	E	V	F

Kontrollblatt zur Aktionskarte:
Suchrätsel „Kirchenlatein"

M5c

					A	G	N	U	S	D	E	I					
G	L	O	R	I	A	I	N	E	X	E	L	S	I	S	D	E	O
			H	A	L	L	E	L	U	J	A		A	M	E	N	
					C	R	E	D	O	S	A	N	C	T	U	S	
			G	L	O	R	I	A	P	A	T	R	I				
K	Y	R	I	E	E	L	E	I	S	O	N						
				C	H	R	I	S	T	E	E	L	E	I	S	O	N
		E	T	I	N	T	E	R	R	A	P	A	X				

Aktionskarte:
Das Vaterunser   M6a

Das Vaterunser ist ein Bittgebet.

1. Schreibe es so auf, dass um jede Bitte viel freier Raum ist.
2. Welche Bitten sind dir besonders wichtig? Markiere sie.
3. Zeichne oder schreibe hinter jede Bitte eine Geste/Bewegung, die sie verdeutlicht.
4. Betet gemeinsam das Vaterunser und gebraucht eure Gesten dabei.

Im EG188 steht auch eine Melodie zu dem Vaterunser. Ihr könnt das Gebet singen oder sogar tanzen ...?

Aktionskarte:
Ein Interview mit Gott   M7a

Stellt euch vor, ihr würdet mit Gott ein Interview machen.

1. Welche Fragen hättet ihr?
2. Was könnte er antworten?
3. Schreibt das Gespräch auf und macht eine Aufnahme davon.

Aktionskarte:
Ein Fürbittengebet   M8a

Schreibt in der Gruppe ein Fürbittengebet auf.

Guter Gott, wir sehen viel Unheil um uns herum.
~~Der Vater von Lena ...~~ Manche Väter verlieren ihren Job und wissen nicht weiter.
Gib ihnen Mut und Ideen ...

1. Für wen oder was könntet ihr beten?
2. Schreibt eure Bitten auf und ordnet sie. (Zeitungen können euch helfen, Themen und Personen zu finden.)
3. Fürbittgebete werden oft durch einen Gebetsruf in „Strophen" unterteilt, z.B.: Herr, erbarme dich ... Oder: Erhöre uns, Gott. Überlegt euch einen passenden Ruf für euer Gebet.

Aktionskarte: **M8b**

Nehmt die Fürbitten, die ihr mit **M8a** erarbeitet habt.

Legt aus Naturmaterialien eine Spirale auf den Boden. Sie soll so groß sein, dass ihr einen Weg zur Mitte gehen könnt. Stellt in die Mitte der Spirale eine brennende Kerze.

Wer mag, geht mit einem Teelicht den Weg zur Mitte, liest eine Fürbitte, zündet sein Licht an und stellt es auf den Weg.

Dann ist der/die Nächste dran.

Während ein Beter/eine Beterin unterwegs ist, könnt ihr singen (z.B. Kyrie) oder eine leise Musik hören.

Aktionskarte: **M9**

Ihr habt viele verschiedene Gebete geschrieben und gesammelt.

Ordnet sie nach verschiedenen Themen (z.B. Lob, Dank, Bitte usw.) und stellt daraus ein Gebetbuch zusammen.

Es können Einzelblätter sein, die ihr
- zusammenklammert;
- locht und heftet;
- selbst bindet.

Vergesst nicht
- ein Deckblatt und
- Trennblätter für die einzelnen Abteilungen.

G Jesus – Herr aller Sinne

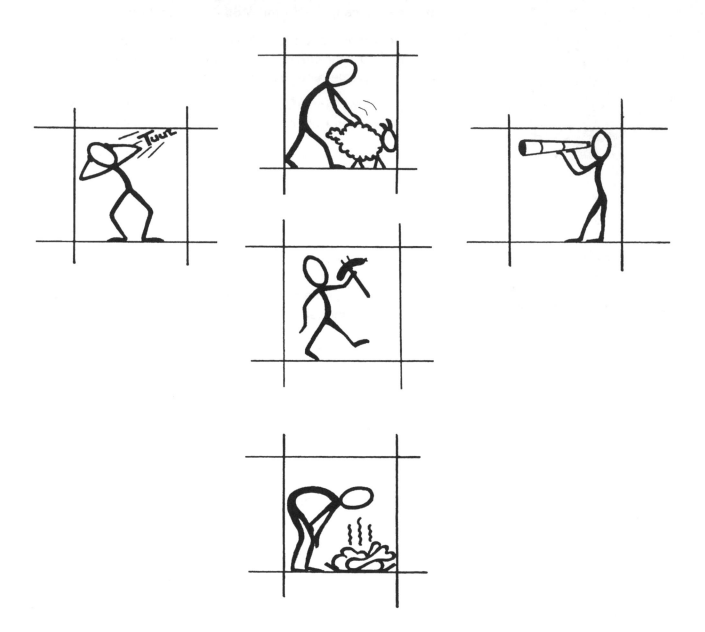

Mit allen Sinnen wahrnehmen

Die fünf Sinne und was sie bedeuten

Jesus weckt alle Sinne

1. Thematisches Stichwort

Ein Indianer fuhr zum ersten Mal mit einem Auto. Er war begeistert von den vorbeiziehenden Bildern. Aber er wurde immer atemloser. Schließlich verfinsterte sich sein Gesicht. Er bat anzuhalten. Auf die Frage, was denn los sein, antwortete er: *Ich muss warten. Meine Seele kommt nicht nach* (nach M. Frigger).

Meine Seele kommt nicht nach – vor lauter schnellen Bildern, grellen Farben, lauten Tönen, aufdringlichen Wahrnehmungen jeder Art. Auch uns und besonders den Jungendlichen und Kindern geht es so. Jedoch: Merken wir es noch?

Leben, Dasein erfahren wir durch die Sinne. Das Sehen und Hören, Riechen, Schmecken und Fühlen sind Zugänge zu unserer Welt. Die Sinne bewusst wahrzunehmen, öffnet Sinn, Lebenssinn findet, wer sich besinnt. Daher ist es gerade für den Religionsunterricht, der die Sinnsuche der Schülerinnen und Schüler begleiten will, fundamental wichtig, den Sinnen nachzuspüren, sie ernst zu nehmen und allen Wahrnehmungen Raum und Zeit zu geben – damit die Seele nachkommt.

Für das intensive Erleben eines Sinnes ist es hilfreich, die anderen zurückzustellen. Deshalb werden die Sinne einzeln vorgestellt und wahrgenommen – als das, was sie sind, und als das, was sie bedeuten.

◼ Wirkliches *Sehen* meint nicht das bloße Aufnehmen mit den Augen, sondern die Fähigkeit, sich selbst, die Mitmenschen und das Leben intensiv wahrzunehmen, zu verstehen und zu gestalten.
◼ Viele Geräusche dringen an mein *Ohr*, aber nur, was ich wirklich hören möchte, darauf horche ich. Diese Fähigkeit, wirklich zuzuhören, kann man lernen.

◼ Wir leben von *Berührungen*. Wort, Ton und Geräusche lösen bei uns *Gefühle* aus – denn Tasten und Berühren spricht immer Körper und Geist gleichermaßen an. Gefühle müssen wachsen und reifen. Dazu ist es nötig, innezuhalten und zu spüren, was in uns angesprochen wird.
◼ Die *Nase* eröffnet uns die Welt der Gerüche und Düfte. Intensiver mit der Nase leben heißt dann: aufmerksamer werden gegenüber den eigenen Wahrnehmungen.
◼ Miteinander essen stiftet Gemeinschaft. Es kann den *Geschmack* von neuem Leben haben, wenn es zum Zeichen des Dankens und Teilens wird.

Und Jesus fragte ihn: Was willst du, dass ich für dich tun soll? Er sprach: Herr, dass ich sehen kann. Und Jesus sprach zu ihm: Sei sehend! (Lk 18,41f.) – Es sind nicht nur die Wunderheilungen, die Jesus als Herrn der Sinne zeigen, es sind vor allem seine Auseinandersetzungen mit den Frommen, etwa über das Heilen am Sabbat, und seine, von vielen als anstößig betrachteten Gastmähler – auch und gerade mit denen, die man lieber nicht wahrnimmt –, die die besondere Perspektive Jesu deutlich machen. Jesus sieht – als wahrer Sohn Gottes – das Leid der Menschen, er hört ihre Klagen und spürt ihre Angst und Einsamkeit. Er riecht und schmeckt das Leben, im Guten wie im Bösen, bis hin zum bitteren Kelch des Todes. Nirgends ist Jesus mehr Mensch, als wenn er mit allen unseren Sinnen aufmerkt. Nie ist er mehr Heiland, als wenn er unsere Sinne öffnet für ein erfüllteres Leben.

Die vorgeschlagene Einheit ist daher auch eine Jesus-Einheit; exemplarisch sollen behandelt werden: Der *blinde Bartimäus*, die *Heilung des Taubstummen*, weitere *Heilungen*, die *Erweckung des Lazarus*, die wundersame *Brotvermehrung*. Andere sind, wie oben angedeutet, jederzeit, je nach Bedarf, hinzuzuwählen.

2. Kompetenzen

Die Schülerinnen und Schüler
- sind in der Lage, den Menschen als ganzheitliches Wesen zu sehen, bei dem alle Sinne zusammengehören,
- können Zugänge zu Gott und zur Welt im Stillwerden, Wahrnehmen und Erproben der einzelnen Sinne entdecken,
- kennen Jesus als wahren Menschen, der seine Umwelt aufmerksam wahrnimmt,
- wissen, dass Jesus der Heiland ist, der die Sinne seiner Mitmenschen achtet, fördert und heilt.

3. Literatur zum Thema

Candolini, Gernot: Labyrinthe, Pattloch, Augsburg 1999

Ende, Michael: Momo, Thienemann, Stuttgart 1973

Frigger, Manfred: Frühschicht – Spätschicht, Herder, Freiburg i.B. 1984

Hintersberger, Benedicta: Mit Jugendlichen meditieren, Don Bosco, München 1983

Kett, Franz: Kinder erleben Gottesdienst, Don Bosco, München 1978

Krombusch, Gerhard: Mit Kindern auf dem Weg in die Stille, Impulseverlag, Drensteinfurt 1989

Scharer, Matthias: Miteinander glauben lernen, Glaubensbuch 5, Styria, Graz 1986

Spangenberg, Peter: Das Geheimnis von Himmel und Erde, Agentur des Rauhen Hauses, Hamburg 2001

4.Orientierungsseite

Wo können *welche* Freiarbeitselemente *was* leisten?

Phase	Inhalte	FA-Elemente	FA-Materialien
Einstieg	Fünf Sinne entdecken und erproben	Spiele, Übungen, Impulse zum Sehen, Hören, Fühlen, Riechen und Schmecken	**M1–M5:** verschiedene Aktionen und Stationen zur Wahl
Erarbeitung	Die fünf Sinne hinterfragen und deuten	Texte und Rollenspiele zum wahren Sehen, Hören, Fühlen, Riechen und Schmecken	**M6–10:** Infokarten und dazu: jeweils verschiedene Aktionskarten
Vertiefung/Transfer	Jesus als aufmerksamer Wahrnehmer/ Jesus als Heiland der Sinne	Gesprächs- und Gestaltungsimpulse für ausgewählte Jesusgeschichten	**M11–16:** Info-/Aktionskarten zu Bartimäus Der Taubstumme Heilungen, Lazarus Brotvermehrung Abendmahl

5. Erläuterungen zu den Freiarbeitsvorschlägen

Mit den hier vorgeschlagenen Materialien lässt sich in verschiedenen Dimensionen arbeiten – gewissermaßen längs- oder querschnittig. Die fünf Sinne strukturieren das Wahrnehmungsmaterial (Einstieg) wie das Deutematerial (Erarbeitung) und schließlich die Zuspitzung auf die Jesus-Geschichten. Es ist daher gut möglich, Schwerpunkte mit einer oder zwei Wahrnehmungsarten zu bilden, etwa „Sehen" – „Ansehen" – „Jesus sieht den Blinden" und/oder „Hören" – „Zuhören" – Jesus hört selbst stumme Schreie." Unserem Ansatz entspricht es jedoch, sich Zeit für alle Sinne zu nehmen, um zu erfahren, dass der Mensch ganzheitlich wahrnimmt – und ganzheitlich wahrgenommen werden will.

Die fünf Sinne wahrnehmen und erproben

M1: Sehen

Zur *Einstimmung* empfehlen wir eine Übung „Blindes Führen": Ich sehe meine Welt neu, wenn ich einige Zeit meine Umgebung „blind" wahrgenommen habe. Bei dieser Partnerübung werden dem einen Sch die Augen verbunden, der andere muss ihn führen. Durch den Verzicht auf optische Eindrücke werden die anderen Sinne intensiv angeregt. Die geschlossenen Augen nehmen Licht und Schatten war. – Nach einigen Minuten werden die Rollen getauscht. Wichtig ist ein anschließender Erfahrungsaustausch: Wie habe ich mich als „Blinder" gefühlt? Wie habe ich mich als „Führender" erlebt?

Die Aktionskarten **M1a** bis **M1d** aktivieren verschiedene Seh-Qualitäten: genaues Hinsehen, vorausschauendes Sehen, nachhaltiges Hinschauen, geduldiges Beobachten.

M2: Hören

Zur *Einstimmung* eignen sich einige Übungen, die die Ohren öffnen, z.B.: Alle schließen die Augen und nehmen wahr, was sie an Geräuschen umgibt – bei geschlossenem, bei offenem Fenster? Es ist verblüffend, zu ent-decken, was man alles aus Gewohnheit nicht mehr hört (Vogelgezwitscher?) bzw. zum Selbstschutz „wegfiltert" (Straßengeräusche).

Die Aktionskarte **M2a** ist dem „Ganz-Ohr-Sein" gewidmet – besonders augenfällig, wenn die Sch um die ganze Gestalt des Lauschenden herum Hörerfahrungen schreiben und gestalten. Die Darstellung entstammt dem Kanzelrelief der Hanauer Kreuzkirche und ist von dem Münchner Künstler Karl Hemmeter gestaltet. Der dargestellte Lauscher mag ein Predigthörer sein oder auch ein Prophet, der auf das Wort Gottes horcht.

Das HörSpiel **M2b–e** ist eine arbeitsteilige Gruppenarbeit. Jede Gruppe kann eine der Aufgaben übernehmen. Spannender aber ist es, wenn jede Gruppe frei wählt (Aktionskarten mehrfach kopieren) – und nicht verrät, was sie gewählt hat. Das kann bei der Präsentation zu interessanten Entdeckungen führen: Hat vielleicht eine Gruppe das Erwachen an einem Frühlingsmorgen bei offenem Fenster mit lauten Motorengeräuschen unterlegt, die zweite Gruppe aber mit Vogelgezwitscher?

M3: Fühlen

Zur *Einstimmung* sitzen die Sch im Kreis und betrachten still verschiedene Darstellungen von Händen, die im Kreis liegen (am besten: lange im Vorfeld sammeln oder sammeln lassen: Illustrierte, Familienalben, Kunstpostkarten usw.). Was tun Hände? Was können wir mit unseren Händen machen? Als Partnerübung eindrucksvoll: Der/die eine schließt die Augen und macht eine Faust. Der Partner/die Partnerin versucht, diese ohne Gewalt zu öffnen.

Viele Spiele zum Tasten und Erkennen sind bekannt – man kann mit verbundenen Augen Stoffe oder Formen erfühlen, sich gegenseitig auf den Rücken schreiben, sich „blind" einen Weg durch einen Hindernisparcours suchen. Aus solchen Spielen lassen sich Fühl-Straßen gestalten. Wir empfehlen zusätzlich eine recht anspruchsvolle Übung, die zeitintensiver ist, aber – wegen ihres Realitätsbezugs – gerade Sch jenseits des Grundschulalters fasziniert: das Blindenalphabet. Wenn es einmal verstanden und eingeübt ist (Einzelarbeit), sind daraus leicht Ratespiele für Gruppen oder die ganze Klasse abzuleiten (Karten mit einem Wort vorbereiten – blind ertasten lassen – bei erfolgreichem „Vorlesen" Trefferpunkte vergeben.

M4: Riechen

Optimale *Einstimmung:* Hinaus in die Natur gehen und Gerüche sammeln! Viele Gerüche kann man auch mit in die Klasse nehmen – eine interessante Hausaufgabe: Bringt einen Geruch mit zur Schule, so dass die Klasse ihn erraten kann (Fläschchen Backaroma, das durch die Reihen geht, frisch gebackene Kekse, Räucherstäbchen, Zitronenkonzentrat, Kokosöl, Senf usw.).

Die Aktionskarten **M4a–d** laden, mit vier „Standardsituationen" dazu ein, Leben und Gerüche zu verbinden. Jede/r Sch wird dazu eigene Assoziationen haben; in Gruppen kann es darum gehen, sich auszutauschen. Auch das Spektrum der Erfahrungen ist staunenswert.

M5: Schmecken

Zur *Einstimmung* kann L (z.B.) in die Runde fragen: Wie schmeckt der Sommer? Sch 1 antwortet: Der Sommer schmeckt wie Erdbeereis. Sch 2 antwortet: Der Sommer schmeckt wie Erdbeereis und Salz auf den Lippen. Sch 3: Der Sommer schmeckt wie Erdbeereis, Salz auf den Lippen und Sand zwischen den Zähnen, usw.

Die Aktionskarten „Brot" bereiten die *Erarbeitung* der tieferen Bedeutung des Schmeckens im Hinblick auf das *Symbol Brot* vor.

Die fünf Sinne hinterfragen und deuten

M6: Sehen, dass es gut ist – Sehen, was der andere fühlt – Sehen, was Not tut

Sehen, das mehr ist als Gucken, soll in drei Dimensionen erschlossen werden, als sehen durch eine „Brille des Wohlwollens" (Gott als Schöpfer; wir, wenn wir lieben), Sehen als Anteilnehmen (Im Fall des reichen Jünglings: Mk 10, 21: „Und Jesus sah ihn an und gewann ihn lieb …"), Sehen als Anfang des Tuns (Gott als Befreier: „Ich habe das Elend meines Volkes in Ägypten gesehen … ich habe ihre Leiden erkannt … Und ich bin herniedergefahren, dass ich sie errette", Ex 3,7f.). Die Schreibaufgaben der Aktionskarten erfordern eine ruhige, sorgfältige Auswertungsphase in der Gesamtgruppe.

M7: Anhören

In der Bibel hat Hören für gewöhnlich mit Folgen zu tun; wer Gottes Wort hört, antwortet mit Ge-Hor-sam – oder er muss, wie Jona, vor Gott fliehen. Die Aktionskarten bleiben jedoch im zwischenmenschlichen Bereich. Hier ist nicht der Gehorsam das erstrangige Thema, sondern vielmehr das offene, zugewandte Hören, im Fall des Mädchens Momo (aus dem Roman von Michael Ende) ein geradezu schöpferisches Hören, das den Redenden verändert.

M8: Ge-Fühle

Wir leben von Berührungen – so behaupteten wir schon im „theologischen Stichwort". In einer Zufallsgemeinschaft wie der Klasse ist es nicht unverfänglich, Berührungen zu inszenieren. Daher schlagen wir hier bewusst nur das „Reden über" vor – einen Fragebogen zu „Berührungen und wie sie ankommen" sowie einen Schreib-Los-Impuls.

M9: Eine gute Nase haben

Im Fall des Geruchssinns hilft uns die Umgangssprache: Die Sch können selbst herausfinden, wie das Riechen zum Sympathie-Urteil wird. Hier stellt sich die Frage, wie solche Empfindungsbarrieren mit Vernunft und Liebe zu überwinden sind.

M10: Im Teilen auf den Geschmack kommen
Vielleicht haben Sie Erfahrungen mit anderen Brot-Geschichten, z.B. der des geschenkten Brots, das von Hand zu Hand geht, weil sich immer ein noch Bedürftigerer findet, dem man es schenken müsste ... In der hier vorgeschlagenen Geschichte liegt das „Wunder" auf einer anderen Ebene: Es geht von Anfang an nicht ums Sattwerden, sondern um eine rein symbolische Handlung, die wirkt, weil sie so einfach, so selbstverständlich ist – ein Stück Alltag, der die Ausnahmesituation auffängt und einbettet. Die von den Sch auf **M10a** und **M10b** beschrifteten „Brote" können (u.U. größer kopiert) auf Pappe geklebt, ausgeschnitten und im Klassenraum aufgehängt werden.

Jesus – Herr und Heiland der fünf Sinne

M11: Das Rollenspiel zur *Heilung des Bartimäus* (Nach Franz Kett, Kinder erleben Gottesdienst © Don Bosco Verlag, München, 1978) greift alle Aspekte des Sehens noch einmal auf. Auf jemanden herabsehen – jemanden wohlwollend ansehen; jemanden übersehen – jemanden ansehen, wegsehen – sehen, was Not tut. Im scharfen Kontrast sind hier die Menschen als Falsch-Seher dargestellt, Jesus allein als Gut-Seher. Kann darum Jesus allein das Wunder vollbringen? Der Kontrast soll uns Falsch-Seher aber nicht entmutigen, sondern anspornen: Denn Jesus sieht, spricht und handelt *als Mensch.*

Das Rollenspiel kann gelesen, besprochen und aufgeführt werden. Eine andere Möglichkeit wäre, es gemeinsam zu lesen und dann die Aktionskarten zur Bearbeitung wählen zu lassen.

M12: Die *Heilung des Taubstummen* (Mk 7,31-37) mutet ungewohnt an: selten legt Jesus „Hand an", um eine Heilung wirksam zu machen. Anders als bei Bartimäus können hier Worte nicht wirken – der Kranke hört nicht und spricht nicht. Dass Jesus den Weg der Berührung geht, wäre auch ein Thema für **M13**, Fühlen. Hier kann sich das Nachdenken um die Frage drehen, was einem, der nicht hört, die Ohren verstopft, und einen, der nicht spricht, sprachlos macht – und wie Versöhnung (Berührung!) die Hindernisse beseitigen kann.

M13: Menschen spüren die Hände Jesu – drei Schnitte von S. May machen deutlich, dass Jesu Heilungen in erster Linie Berührungen sind. Sich hinwenden, Abstand überwinden, Nähe schenken, das macht das eigentliche Wunder aus. Die *Blinden* (Mt 9,27–31) werden da berührt, wo sie unheil sind, an den Augen. Des *Jairus Tochter* (Mk 5,41f.), die tot ist, als Jesus kommt, muss liebevoll aufgehoben und wieder auf die eigenen Füße gestellt werden, um neu leben zu lernen. Jesu Berührung ist ein Heben und ein liebevolles Ermutigen zugleich. Die *verkrümmte Frau* (Lk 13,11–13) schließlich – ihr Gesicht ist allein ihr selbst zugewandt – braucht nicht so sehr für ihren eigenen Körper, sondern vielmehr eine Neuausrichtung auf andere hin. Jesu Berührung verbindet, „verschränkt" die Frau mit den anderen. Die Frau wird dabei eher ermutigt und gezogen, die anderen beschwichtigt in ihrer Voreingenommenheit, damit sie die Frau aufnehmen können. Die „Händegedichte" der Sch werden (freiwillig) vorgelesen, gewürdigt und gesammelt.

M14: Die *Erweckung des Lazarus* (Joh 11,17.33–44) ist ein anstößiger Text: Die Gegner Jesu hat sie – nach dem Konzept des Johannesevangeliums – zum Äußersten getrieben (einer, der Tote erweckt, darf nicht leben), den heutigen Lesern schlägt überdies der detailgenaue Naturalismus auf den Magen: Totenbinden, Totenstarre, Totengeruch – das ist uns, die wir den Tod lieber ausklammern, doch allzu heftig. Johannes wollte damit unabweisbar deutlich machen: Lazarus war wirklich und wahrhaftig tot. Niemand soll hinterher sagen: Ach, das war kein Machtbeweis Jesu, sondern bloß ein Trick. Für die Sch dürfte der Anknüpfungspunkt nicht auf der Beglaubigung oder der Glaubhaftigkeit des Wunders liegen, sondern in der unbedingten Hinwendung: Weil Jesus Lazarus liebt, nimmt er alles in Kauf – sogar den abstoßenden Gestank – und überwindet er alle Grenzen – sogar den Tod. – Und weil er die Menschen alle liebt – auch die, die ihm oder uns stinken –, hat er auch selbst Gestank, Schmerzen, Leid und Tod auf sich genommen.

M15: Bei der wundersamen Brotvermehrung (Mt 15, Mk 8, Joh 6) – dem Gleichnis vom Wunder des Teilens schlechthin, bleiben wir nicht stehen. Dass Brot tröstet und versöhnt, ist bereits in **M9** zur Sprache gekommen. Das Abendmahl kommt – niedrigschwellig – mit in den Blick. Natürlich wäre zum Abschluss einer unterrichtlichen Behandlung des Schmeckens und des Brotes ein gemeinsames Essen der beste und nachhaltigste Höhepunkt.

Aktionskarte:
Suchbild

M1a

Schau dir die beiden Bilder genau an. Sie sind nicht ganz gleich. Suche die Unterschiede.

Aktionskarte:
Labyrinth   M1b

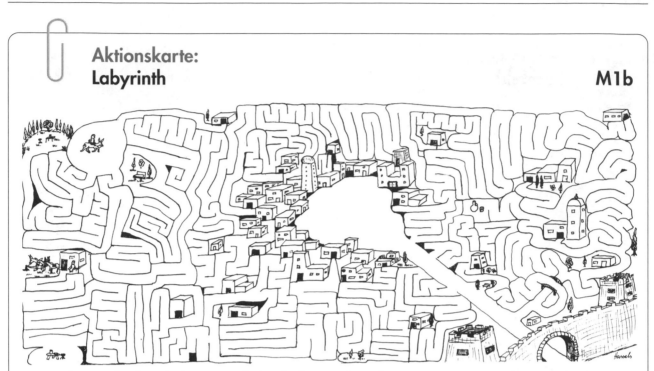

Lasse den Esel (oben links) einmal durch die Stadt und zum Tor (unten rechts) wieder hinaustraben. Erst wenn du es mit den Augen sicher kannst, male den Weg farbig aus.

Aktionskarte:
Seh-Kim

Mehrere Gegenstände liegen auf dem Tisch. Betrachte sie ein bis zwei Minuten und merke dir möglichst viele. Danach werden die Gegenstände abgedeckt. Schreibe auf, was du behalten hast. Anschließend kannst deine Lösung mit anderen vergleichen.

Ordnungs-Kim   M1b

Ein Schachbrett mit 5 bis 10 Spielfiguren steht auf dem Tisch. Merke dir die Standorte der Figuren, indem du genau hinschaust. Das Spielbrett wird abgedeckt. Zeichne in ein Schachbrettmuster (Rechenkästchen) ein, wo die Figuren stehen. Anschließend vergleiche deine Lösung mit anderen.

Aktionskarte:
Pflanzenwachstum

M1d

Du brauchst Weizenkörner oder Kressesamen, eine Schale mit Blumenerde.

– Säe die Körner.

Foto: T. Hirsch-Hüffell

– Beobachte das Wachstum.
– Skizziere die heranwachsenen Pflänzchen in verschiedenen Stadien.

Aktionskarte:
Ganz Ohr

M2a

Karl Hemmeter

Beschreibe, woran du siehst, dass der Mann ein „Lauscher" ist. Schreibe um die Umrissskizze herum, auf was zu hören sich lohnt.

Dieses Holzrelief (an der Kanzel der Kreuzkirche in Hanau) heißt „Der Lauscher" – vielleicht ist er ein guter Predigthörer? Oder hört er, jenseits der Predigt, Gottes Wort?

Aktionskarte:
HörSpiel: Am Morgen   M2b

Es ist früh am Morgen. Du wachst auf, weil du hörst … Du bist sehr müde, aber du musst aufstehen. Egal, was du tust – alles ist schwierig, geht schief, macht Krach … Bis du endlich am Frühstückstisch ankommst und „Guten Morgen" sagst (zu wem?), findest du den Morgen schon überhaupt nicht mehr gut.

Macht aus dieser – knapp angedeuteten – Szene ein Hör-Spiel: Nur mithilfe von Geräuschen soll deutlich werden, worum es sich handelt, was die Person tut, was ihr geschieht, im besten Fall auch: wie sie sich fühlt. Legt eine Geräusch-Folge fest und nehmt sie dann auf. Die anderen sollen später raten, was für eine Szene ihr „vertont" habt.

Aktionskarte:
HörSpiel: Sonntagmorgen   M2c

Es ist schon spät. Du hast gut ausgeschlafen. Als du aufwachst, hörst du … Du reckst und streckst dich und stehst dann fröhlich und gelassen auf. Egal, was du tust – es macht dich noch fröhlicher. Als du schließlich am Frühstückstisch ankommst und „Guten Morgen" sagst (zu wem?), erlebst du allerdings eine Überraschung …

Macht aus dieser – knapp angedeuteten – Szene ein Hör-Spiel: Nur mithilfe von Geräuschen soll deutlich werden, worum es sich handelt, was die Person tut, was ihr geschieht, im besten Fall auch: wie sie sich fühlt. Legt eine Geräusch-Folge fest und nehmt sie dann auf. Die anderen sollen später raten, was für eine Szene ihr „vertont" habt.

Aktionskarte:
HörSpiel: Schaufensterbummel   M2d

Du bummelst allein durch die Stadt. Du hast nichts Besonderes vor und schaust dir Schaufenster an. Um dich herum sind andere unterwegs und machen vielfältige Geräusche.
Du kommst auch an einem … vorbei und an der Ecke, der …, ist gerade dabei, … Als du genug hast, stellst du dich an die Bushaltestelle, bis der Bus kommt, der dich nach Hause bringt.

Macht aus dieser – knapp angedeuteten – Szene ein Hör-Spiel: Nur mithilfe von Geräuschen soll deutlich werden, worum es sich handelt, was die Person tut, was ihr geschieht, im besten Fall auch: wie sie sich fühlt. Legt eine Geräusch-Folge fest und nehmt sie dann auf. Die anderen sollen später raten, was für eine Szene ihr „vertont" habt.

Aktionskarte:
HörSpiel: Waldspaziergang   **M2e**

Du wanderst durch den Wald. Passend zur Jahreszeit – es ist ... – ist der Boden unter deinen Füßen ... Du siehst ... und hörst, wie sie ... Du weichst vom Weg ab und stapfst eine Weile querfeldein. Dabei entdeckst du ... Dann ändert sich das Wetter. ... kommt auf. Du schließt deine Jacke deine und machst, dass du aus dem Wald kommst. Dabei achtest du nicht auf das Hindernis, das sich dir in den Weg schiebt. Du ...

Macht aus dieser – knapp angedeuteten – Szene ein Hör-Spiel: Nur mithilfe von Geräuschen soll deutlich werden, worum es sich handelt, was die Person tut, was ihr geschieht, im besten Fall auch: wie sie sich fühlt. Legt eine Geräusch-Folge fest und nehmt sie dann auf. Die anderen sollen später raten, was für eine Szene ihr „vertont" habt.

Info-/Aktionskarte:
Blindenalphabet   **M3**

Blinde Menschen können lernen, mit ihren Fingerspitzen zu lesen. In der Blindenschrift wird jeder Buchstabe aus einer Anordnung von sechs erhabenen bzw. flachen Punkten gebildet. Der Blinde ertastet dann, um welches Muster – also um welchen Buchstaben – es sich handelt.

- Übertrage die neben stehenden Buchstaben des Bildenalphabets auf ein Blatt Papier und stich die schwarzen Punkte mit einer Prickelnadel aus. Ertaste und „lies" das Wort mit dem Zeigefinger – gemäß der Tabelle.

- Zeichne jetzt selbst Worte im Blindenalphabet auf dünne Pappe. Stich sie aus und lass einen Partner/eine Partnerin lesen.

Aktionskarte:

Geruchsgeschichten: Bittermandel   **M4a**

Du machst einen Stadtbummel und betrittst einen Laden, indem es unter vielen anderen Dingen auch verschiedene Duftöle gibt. Du riechst an einigen Fläschchen. Manche Düfte magst du gern, andere weniger. Als du schließlich das Fläschchen mit dem *Bittermandelgeruch* öffnest, wirst du nachdenklich. Und auf einmal erinnerst du dich wieder ganz genau daran, wie du einmal …

Es kommt vor, dass ein bestimmter Geruch Erinnerungen wach ruft. „So hat es doch auch damals gerochen …" – und im Nu ist ein altes, längst vergessenes Erlebnis wieder ganz nah. Erzähle eine solche Geruchsgeschichte – entweder eine selbst erlebte oder eine gut erfundene.

Aktionskarte:

Geruchsgeschichten: Kokosnuss   **M4b**

Du machst einen Stadtbummel und betrittst einen Laden, indem es unter vielen anderen Dingen auch verschiedene Duftöle gibt. Du riechst an einigen Fläschchen. Manche Düfte magst du gern, andere weniger. Als du schließlich das Fläschchen mit dem Kokosnuss-Geruch öffnest, wirst du nachdenklich. Und auf einmal erinnerst du dich wieder ganz genau daran, wie du einmal …

Es kommt vor, dass ein bestimmter Geruch Erinnerungen wach ruft. „So hat es doch auch damals gerochen …" – und im Nu ist ein altes, längst vergessenes Erlebnis wieder ganz nah. Erzähle eine solche Geruchsgeschichte – entweder eine selbst erlebte oder eine gut erfundene.

Aktionskarte:

Geruchsgeschichten: Himbeer   **M4c**

Du machst einen Stadtbummel und betrittst einen Laden, indem es unter vielen anderen Dingen auch verschiedene Duftöle gibt. Du riechst an einigen Fläschchen. Manche Düfte magst du gern, andere weniger. Als du schließlich das Fläschchen mit dem Himbeergeruch öffnest, wirst du nachdenklich. Und auf einmal erinnerst du dich wieder ganz genau daran, wie du einmal …

Es kommt vor, dass ein bestimmter Geruch Erinnerungen wach ruft. „So hat es doch auch damals gerochen …" – und im Nu ist ein altes, längst vergessenes Erlebnis wieder ganz nah. Erzähle eine solche Geruchsgeschichte – entweder eine selbst erlebte oder eine gut erfundene.

Aktionskarte:
Geruchsgeschichten: Pfefferminz

M4d

Du machst einen Stadtbummel und betrittst einen Laden, indem es unter vielen anderen Dingen auch verschiedene Duftöle gibt. Du riechst an einigen Fläschchen. Manche Düfte magst du gern, andere weniger. Als du schließlich das Fläschchen mit dem Pfefferminzgeruch öffnest, wirst du nachdenklich. Und auf einmal erinnerst du dich wieder ganz genau daran, wie du einmal ....

Es kommt vor, dass ein bestimmter Geruch Erinnerungen wach ruft. „So hat es doch auch damals gerochen ...." – und im Nu ist ein altes, längst vergessenes Erlebnis wieder ganz nah. Erzähle eine solche Geruchsgeschichte – entweder eine selbst erlebte oder eine gut erfundene.

Aktionskarte:
Ein Brotkorb

M5a

Schneidet aus Zeitschriften – besonders wohl aus Werbeanzeigen – Brote und Brötchen aus. Ordnet sie auf einem großen Papier/Tonkarton so an, dass einem schon beim Betrachten das Wasser im Mund zusammenläuft.

Rund herum könnt ihr malen oder aufkleben, was ihr gern zu dem Brot dazu essen würdet.

Aktionskarte:
Wie schmeckt Brot?

M5b

Stellt euch vor, ihr seid sehr hungrig und jemand gibt euch ein dickes Stück Brot. Es ist frisch, noch ganz warm. Beschreibt, so genau ihr könnt, was ihr damit tut – langsam! – und was ihr dabei empfindet.

Aktionskarte:
Brot-Reklame   M5c

Ihr betreibt eine Bäckerei und wollt mit einer großen Werbe-
kampagne darauf hinweisen, dass Brot das wichtigste
Nahrungsmittel ist – und euer Brot natürlich das beste.
Plant die Aktion: Ihr braucht einen guten Werbespruch,
ein besonderes Angebot, vielleicht eine pfiffige Dekoration oder eine Idee für die Fußgängerzone?

Aktionskarte:
Warum kann ich dich nicht sehen?   M6a

Da kommt ein Kind zu Jesus und ruft: „Jesus! Ich kann meinen Bruder nicht mehr sehen!"
„Wie?", sagt Jesus. „Du kannst deinen Bruder nicht mehr sehen? Wie kommt denn das?"
Da sagt das Kind: „Mein Bruder hat mich geärgert." Da sagt Jesus: „Aber sieh mal: Dein
Bruder teilt mit dir das Butterbrot, wenn du Hunger hast. Dein Bruder spielt mit dir, wenn
kein anderer mit dir spielen will. Dein Bruder beschützt dich immer, wenn andere dich ver-
hauen wollen." Da konnte das Kind seinen Bruder wieder sehen.

H. Halbfas

Ich kann dich nicht mehr sehen – hier geht es nicht um einen Augenfehler! Überlege dir, was
das Kind und Jesus damit meinen, und dann schreibe eine ähnliche Geschichte.

Aktionskarte:
Sehen ist mehr   M6b

„In die Wohnung nebenan ist eine alte Frau eingezogen", erzählt mein Bruder.
„Hab ich gesehen", murmele ich. Ich sehe gerade meine Lieblingssendung im Fernsehen.
„Hast du sie auch richtig angesehen?", fragt mein Bruder.
„Was willst du wissen?", knurre ich. „Welche Haarfarbe sie hat, oder was?"
„Sie sieht traurig aus", meint mein Bruder. „Ich finde, wir sollten sie mal besuchen."

Hast du gesehen …? – Hier geht es nicht um Hingucken allein. Überlege dir, was der Bruder
damit meint, und dann schreibe eine ähnliche Geschichte.

Aktionskarte:
Sehen ist mehr

M6c

„Ich habe die ganze Welt gesehen", erzählt der Seemann. „Mich kann nichts mehr erschrecken."

„Was meinst du denn?", fragt das Mädchen. „Hast du denn Drachen gesehen, Dinosaurier und menschenfressende Monster?"

„Ich habe gesehen, dass die Menschen überall gleich sind", sagt der alte Mann müde. „Sie sehen immer bloß sich selbst – und wenn ich das so sehe, werde ich traurig."

„Aber vom Wegsehen wird es nicht besser, oder?", sagt das Mädchen.

Die ganze Welt sehen. Schreib auf, was der Seemann alles gesehen hat. Bilde dabei immer Sätze mit „dass" – und schreibe immer dazu, was er nach dem Sehen getan hat.

Der Seemann sieht, dass ein Sturm kommt. Er sucht einen sicheren Ankerplatz.
Der Seemann sieht, dass ein Kind weint. Er geht hin und fragt, was ihm fehlt.

Infokarte:

M7

Was die kleine Momo konnte wie kein anderer, das war: Zuhören. Das ist doch nichts Besonders, wird nun vielleicht mancher Leser sagen, zuhören kann doch jeder. Aber das ist ein Irrtum. Wirklich zuhören können nur ganz wenige Menschen. Und so, wie sich Momo aufs Zuhören verstand, was es ganz und gar einmalig.

Momo konnte so zuhören, dass dummen Leuten plötzlich ganz gescheite Gedanken kamen. Nicht etwa, weil sie etwas sagte oder fragte, was den anderen auf solche Gedanken brachte, nein, sie saß nur da und hörte einfach zu, mit aller Aufmerksamkeit und aller Anteilnahme. Dabei schaute sie den anderen mit ihren großen, dunklen Augen an, und der Betreffende fühlte, wie in ihm auf einmal Gedanken auftauchten, von denen er nie geahnt hatte, dass sie in ihm steckten.

Sie konnte so zuhören, dass ratlose oder unentschlossene Leute auf einmal ganz genau wussten, was sie wollten. Oder dass Schüchterne sich plötzlich frei und mutig fühlten. Oder dass Unglückliche und Bedrückte zuversichtlich und froh wurden.

Und wenn jemand meinte, sein Leben sei ganz verfehlt und bedeutungslos und er selbst nur irgendeiner unter Millionen, einer, auf den es überhaupt nicht ankommt und der ebenso schnell ersetzt werden kann wie ein kaputter Topf – und er ging hin und erzählte alles der kleinen Momo, dann wurde ihm, noch während er redete, auf geheimnisvolle Weise klar, dass er sich gründlich irrte, dass es ihn, genau wie er war, unter allen Menschen nur ein einziges Mal gab und dass er deshalb auf seine besondere Weise für die Welt wichtig war.

Aus: MOMO, M. Ende

Aktionskarte:
Hör-Haltungen   M7a

– Du brauchst die Infokarte **M7**.
– Tut euch zu zweit zusammen. Lest den Text „Momo".
  Einer von euch ist jetzt der Leser, der andere Zuhörer: Probiert verschiedene Hör-Haltungen: Wie sieht einer aus, der gelangweilt zuhört, gespannt, voller Mitleid, mit wachsender Freude.
– Haltet eure Ergebnisse fest, damit ihr sie später vorführen könnt:

Aktionskarte:
Zunehmend mutig   M7b

Du brauchst die Infokarte **M7**.
– Lies den Text und stell dir vor, du bist schüchtern.
  Trotzdem willst du Momo gern um Rat bitten. Du fängst zaghaft an, wirst mutiger, am Ende lebhaft … Zeichne dich dreimal, am Anfang, in der Mitte und am Ende. Du kannst in Sprechblasen festhalten, was du sagst …

Aktionskarte: **M7c**

Du brauchst die Infokarte **M7**. Lies sie.
Schreibe den Text um:

Was die kleine Momo überhaupt nicht konnte, das war: Zuhören.
Wenn einer ihr etwas erzählen wollte, dann ...

Schmücke deinen Text mit Beispielen aus (z.B. da hat einer etwas sehr Wichtiges zu erzählen, da will ihr jemand einen guten Rat geben).

Aktionskarte:
Fragebogen: Berührungen **M8a**

Wie oft

gibst du jemandem die Hand?	ständig	oft	selten	nie
nimmst du jemanden in den Arm?	ständig	oft	selten	nie
lässt du dich in den Arm nehmen?	ständig	oft	selten	nie
fasst du jemanden an?	ständig	oft	selten	nie

Wie reagierst, wenn ein Freund/eine Freundin

dir auf die Schulter haut?	mit Abwehr	gleichgültig	erfreut
dich am Arm packt?	mit Abwehr	gleichgültig	aufmerksam

Was empfindest du, wenn ein vertrauter Erwachsener

dir über das Haar streicht?	Unmut	nichts	Geborgenheit
dich in den Arm nimmt?	Unmut	nichts	Geborgenheit

Tut euch zu zweit zusammen und fragt euch gegenseitig. Überlegt gemeinsam, wie ihr die Antworten auswerten wollt. Danach könnt ihr andere befragen.

Aktionskarte:
Der Käfer mit den Fühlern

M8b

Du bist ein großer bunter Käfer. Du lebst mit einigen Artgenossen in einem Vorratskeller. Leider haben Käfer wie du keine Augen. Und hören können sie auch nicht. Aber du hast lange, empfindliche Fühler. Eines Morgens machst du dich auf den Weg, um deine Welt zu entdecken …

Schreibe in den Umriss hinein, was du erlebst. (Wenn es mehr wird, nimm ein zusätzliches Blatt.) Male deinem Käfer Fühler.

Aktionskarte:
Eine gute Nase haben

M9a

Erzähle eine Geschichte „Da hatte Felix den richtigen Riecher": Schreibe Stichworte in die „Nase" und erzähle dann frei:

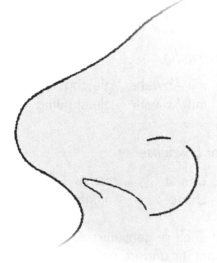

Aktionskarte:
Vorlieben
M9b

Was riechst du gern?	Was/wer stinkt dir? ...Warum ...?
	Frühes Aufstehen stinkt mir, weil ich immer so müde bin.

Überlege, was deine Eintragungen in der zweiten Spalte noch mit Nase/Riechen zu tun haben.

Infokarte:
Brot brechen
M10

„Komm herein und setz dich. Iss ein Stück Brot und erzähl." So empfängt der alte Bäcker alle, die zu ihm kommen. Er hat sein Geschäft schon lange aufgegeben. Am liebsten sitzt er in seiner Küche, nah am Ofen. Er hat einen gepolsterten Sessel. Da sitzt er in Decken gehüllt. „Meine Knochen sind kalt", sagt er. „Aber das Brot, das Brot gibt Wärme." Jeden Morgen backt er ein frisches Brot. Mehr tut er nicht. Danach sitzt er und wärmt sich.

„Brot kann man kaufen", sagt seine Tochter. Sie ist in Eile. Sie hat viele Termine. „Du machst dir viel zu viel Mühe, Vater. Kaufe ein Brot im Supermarkt und damit gut." Sie sieht auf die Uhr. „Und jetzt muss ich los." Sie steht auf dem Flur. Sie hat nur kurz vorbeigeschaut.

„Komm herein und setz dich. Iss ein Stück Brot und erzähl." Der alte Bäcker bricht das frische Brot und hält seiner Tochter ein Stück hin. Sie kommt zögernd näher und greift zu. Dann erzählt sie von ihrem Chef und dass er nie mit ihr zufrieden ist. „Aber vielleicht ist es gar nicht meine Schuld", sagt sie schließlich. „Vielleicht liegt es an ihm. Vielleicht hat er Angst davor zuzugeben, wie sehr er mich braucht."

„Brot ist langweilig", sagt sein Enkel. Er ist auf der Suche nach Keksen. „Ich brauche Kraft", sagt er. „Wir schreiben morgen Mathe und wenn es wieder eine Fünf wird ..." Er hebt die Schultern. Aber unter seiner Lässigkeit verbirgt sich Angst. Er will weglaufen.

„Komm herein und setz dich. Iss ein Stück Brot und erzähl." „Ach, Opa ..." Der Enkel will abwehren. Der alte Bäcker bricht ein Stück von dem frischen Brot und hält es ihm hin. Da kommt der Junge doch herein. Auf der Stuhlkante lässt er sich nieder. Er kaut und erzählt. Dass er sich in Mathe richtig doof vorkommt. Und doch hat das Rechnen ihm früher richtig Spaß gemacht – damals, bei dem anderen Lehrer. Ob er den mal fragt, ob er ihm beim Üben hilft?

„Die ist so blöd wie ein Schluck Wasser!" Die Enkelin schimpft auf ihre beste Freundin. Sie haben sich gründlich zerstritten. Denn beide sind in denselben Jungen verliebt. Sie tobt durch die Wohnung und knallt mit den Türen. „Komm herein und setz dich. Iss ein Stück Brot und erzähl." ...

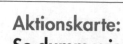

Aktionskarte:
So dumm wie ein Schluck Wasser!

M10a

Lies **M10**. Die Begegnungen des alten Bäckers mit der Tochter und dem Enkel verlaufen ähnlich. Erzähle auf die gleiche Art, wie es mit der Enkelin und dem alten Bäcker weitergeht.

Was ist das Besondere an dem Brot, das der alte Bäcker anbietet? Schreibe deine Gedanken in das Brot:

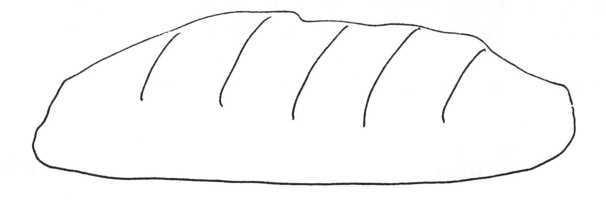

Aktionskarte:
Nimm ein Stück Brot ...

M10b

Lies **M10**. Die Begegnungen des alten Bäckers mit der Tochter und dem Enkel verlaufen ähnlich. Erzähle auf die gleiche Art, wie der Schwiegersohn (er hat gerade mit dem Mathelehrer des Sohnes gesprochen), die einsame Nachbarin oder der kleine Junge von gegenüber, dem gerade sein Hamster gestorben ist, den alten Bäcker besuchen.

Was ist das Besondere an dem Brot, das der alte Bäcker anbietet? Schreibe deine Gedanken in das Brot:

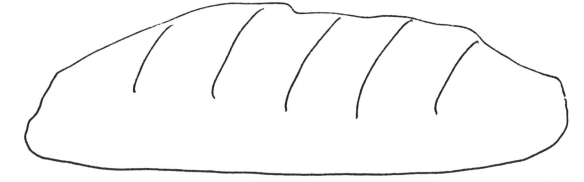

Infokarte:
Der Blinde Bartimäus, 1. Akt **M11/I**

Rollen Sprecher/in 1, Sprecher/in 2, Mann 1, Frau 1, Mann 2, Frau 2 und *Bartimäus*

Spr 1 Da ist Bartimäus. Er ist von Geburt an blind. Er kennt weder die Gesichter seiner Eltern, noch weiß er, wie die Sonne leuchtet und wie blau der Himmel ist. Bartimäus wohnt in Jericho. Die Stadt ist von einer Mauer umgeben.

Manchmal sitzt Bartimäus *so* da ... **(Bartimäus formt die Hände zu einer Schale.)**

Das heißt: Bitte, gib mit ein Geldstück oder ein Stück Brot. Viele Menschen gehen achtlos an Bartimäus vorbei. Sie übersehen ihn einfach. Es gibt aber auch Menschen, die machen sich einen Spaß mit dem Blinden und legen statt Brot einen Stein in die Hände. Das sind Menschen mit einem Herzen aus Stein.

Manchmal sitzt Bartimäus *so* da ... **(Bartimäus streckt die Hand aus.)**

Das heißt: Hilf mir! Nimm mich bei der Hand. Zieh mich empor! Führ mich heim. Viele Menschen beachten diese Hand nicht. Ja, es gibt Menschen, die schlagen die ausgestreckte Hand weg.

Dann sitzt Bärtmäus *so* da ... **(Bartimäus lässt Kopf, Schultern, Arme hängen.)**

Er ist niedergeschlagen und verzweifelt.

Spr 2 Eines Tages geraten die Menschen in Jericho in Aufregung:

Mann 1 Habt ihr schon gehört? Heute kommt der Mann aus Nazareth in unsere Stadt.
Frau 1 Jesus heißt er.
Mann 2 Man sagt, er kommt von Gott!
Frau 2 Er erzählt den Menschen von Gott und tut Gutes.

(Bartimäus richtet sich während des Gesprächs auf.)

Spr 2 So sprechen die Leute von Jericho. Wie Bartimäus die Leute so reden hört, ist in ihm etwas geschehen: Er hat sich aufgerichtet, hat Mut gefasst und hofft: Jesus wird mir helfen. Er fasst den Entschluss: Wenn Jesus in die Stadt kommt, werde ich ihn um Hilfe bitten. Und so lauscht er, aus Sorge, er könnte die Ankunft Jesu überhören. Er hört die Menschen sprechen:

Mann 1 Jetzt kommt Jesus!
Frau 1 Der Mann mit dem weißen Gewand ist es.
Mann 2 Gerade geht er durch das Stadttor.

F. Kett

Infokarte:
Der blinde Bartimäus, 2. Akt   M11/II

Rollen   Sprecher/in 3, Mann 3, Frau 3, Jesus und Bartimäus

Bartimäus Jesus, hilf mir!
Spr 3   Die Menschen sind verstummt.
Jesus   Es ruft mich einer. Wer ist es?
Frau 3   Ach, unser Schreihals.
Mann 3   Der blinde Bartmäus.
Jesus   Er soll zu mir kommen.

(Bartimäus steht auf und geht mit sicheren Schritten auf Jesus zu.)

Spr 3   Bartimäus vertraut Jesus. Er weiß: Jesus legt mir keinen Stein in die Hand. Er wird meine Hand nicht ausschlagen. Und Jesus geht auf den Blinden zu und legt ihm die Hand auf die Schulter.

Jesus   Was willst du von mir?
Bartimäus Herrn, dass ich sehend werde.

(Jesus nimmt ihm die Binde von den Augen.)

Bartimäus Danke! Danke!

Spr 3   Da gehen dem Blinden die Augen auf. Er ist voll Freude und Dankbarkeit.
                                                                                              F. Kett

Aktionskarte:
(Gruppenarbeit, 5–9 Kinder)   M11a

– Lest den 1. Akt des **Blinden Bartimäus**. Hier ist Bartmäus nicht nur blind, sondern auch stumm. Was ist sein wichtigstes Ausdrucksmittel?
– Plant eine Darstellung – die Rollen werden gelesen, Bartmäus gespielt: Wie könnt ihr am deutlichsten hervorheben, wie es Bartimäus ergeht?
– Überlegt, was ihr von Jesus wisst (Gibt er Steine statt Brot? Schlägt er Hände aus?) – und spielt und gestaltet den 2. Akt, wie ihr es für richtig haltet (**ohne M11/II**)!

Aktionskarte:
(Gruppenarbeit, 5–9 Kinder)   M11b

– Lest die beiden Akte des **Blinden Bartimäus**.
– Plant eine Darstellung – die Rollen werden gelesen, Bartmäus gespielt: Wie könnt ihr am deutlichsten hervorheben, wie es Bartimäus ergeht?
– Entwickelt einen kurzen dritten Akt: Was sagt / tut Bartimäus, als Jesus weitergeht?

Infokarte:
Der Taubstumme

M12

Bist du taub? – Wie oft haben sie mich so gefragt! Sie sagten: Du Dummkopf. Du Blödmann. Du alberner Wicht.
Aber ich habe nicht zugehört.

Bist du taub? – Wie oft haben sie mich so fragt! Sie sagten: Du musst dich gut benehmen. Sag immer Danke. Mach deine Hausaufgaben. Räum dein Zimmer auf. Und: Wehe, du kommst zu spät.
Aber ich habe nicht zugehört.

Bist du taub? – Wie oft haben sie mich so gefragt! Sie haben gefragt: Wie viel ist drei mal drei. Acht, habe ich geantwortet. Du bist blöd, haben sie gesagt. Denn „acht" war falsch. Sie haben gefragt: Wie schreibt man „doof"? Mit Dehnungs-H, habe ich geantwortet. Mann, bist du blöd, haben sie gesagt. Denn Dehnungs-H war falsch. Sie haben gefragt: Was ist die Hauptstadt von Deutschland? Berlin, habe ich gedacht. Aber gesagt habe ich nichts mehr. Ich bin ja nicht blöd.
Jetzt sagen sie, ich sei taub und stumm.

Aktionskarte:

M12a

Lest **M12** und dazu in der Bibel Markus, Kapitel 7, Verse 31–37. Besprecht Unterschiede und Gemeinsamkeiten. Ergänzt die angefangenen Sätze:

Taub sein bedeutet: Die Ohren sind nicht heil. Aber

Taub sein bedeutet auch: Ich habe meine Ohren verschlossen vor _____

_____

Stumm sein bedeutet: Ich kann nicht sprechen.

Stumm sein bedeutet auch: Ich will nicht sprechen, weil _____

_____

Aktionskarte: M12b

Lest **M12** und dazu in der Bibel Markus, Kapitel 7, Verse 31–37. Jesus ist kein Zauberer.
Es könnte sein, dass auch der Taubstumme, den Jesus heilt, keine körperliche Behinderung
hatte, sondern so böse Erfahrungen wie das Kind aus M12. Wie könnte Jesus dann heilen?
Wie würdet ihr solche Taubstummheit heilen? Macht euch Stichworte:

Aktionskarte:
Menschen spüren die Hände Jesu   M13a

Betrachtet das Bild. Achtet auf Haltung und Hände.
Lest in der Bibel Matthäus, Kapitel 9, Verse 27–31.

Bereitet eine Pantomine vor.
Verfasst ein Elfchen, ein Gedicht,
einen einprägsamen Spruch
über Jesu Hände.

S. May

Aktionskarte:
Menschen spüren die Hände Jesu

M13b

Betrachtet das Bild. Achtet auf Haltung und Hände.
Lest in der Bibel Markus, Kapitel 5, Verse 41–42.

Bereitet eine Pantomine vor.
Verfasst ein Elfchen, ein Gedicht,
einen einprägsamen Spruch
über Jesu Hände.

S. May

Aktionskarte:
Menschen spüren die Hände Jesu

M13c

Betrachtet das Bild.
Achtet auf Haltung und
Hände. Lest in der Bibel
Lukas, Kapitel 13,
Verse 11–13.

Bereitet eine Pantomine
vor. Verfasst ein Elfchen,
ein Gedicht, einen einprägsamen Spruch über Jesu
Hände.

S. May

Aktionskarte: „Er stinkt schon"   **M14**

Ich helfe ja gern, aber nur
…, den Leuten, die mir sympathisch sind.
…, wenn ich auch etwas zurückbekomme.
…, wenn ich mir die Hände nicht schmutzig machen muss.
…, wenn andere zuschauen.
…, wenn niemand etwas dagegen hat.
…, wenn es nicht zu viel Zeit kostet.
…, wenn ich mich nicht anstrengen muss.
…, wenn ich mein Fernsehprogramm nicht verpasse.

Wie verständlich ist das? Bewertet und diskutiert:	
Versteh ich	**Find ich falsch**

Lies die Auferweckung des Lazarus (Johannes, Kapitel 11, 32–44). Erinnere dich an weitere Geschichten, in denen Jesus Menschen hilft. Was würde er sagen:

Ich helfe gern,

… besonders, wenn …

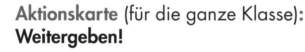

Aktionskarte (für die ganze Klasse): Weitergeben!   **M15a**

Lest Matthäus, Kapitel 15, Verse 32–39. Aus sieben Broten und zwei Fischen wird ein Mahl zum Sattwerden für 4000 Menschen. „Sie alle aßen und wurden satt und es blieb sogar noch etwas übrig …"

Probiert es mit zwei Fladenbroten. Die Klasse ist in zwei Gruppen geteilt. Jede erhält eines der Brote. Der erste Schüler/die erste Schülerin bricht sich ein Stück ab und gibt es weiter. Wenn das Brot alle ist, wird verglichen: In welcher Gruppe haben die meisten Schüler etwas abgekommen?

Aktionskarte (für die ganze Klasse): Wie man satt wird …   **M15b**

Lest Matthäus, Kapitel 15, Verse 32–39. Aus sieben Broten und zwei Fischen wird ein Mahl zum Sattwerden für 4000 Menschen. „Sie alle aßen und wurden satt und es blieb sogar noch etwas übrig …"

Überlegt euch eine Erklärung. Vielleicht helfen dabei die folgenden zwei Sätze:
„Der Mensch lebt nicht vom Brot allein." – „Wer teilt, hat mehr davon."
Überlegt, wie ihr das „beweisen" könnt – mit Beispielen und sogar mit einem „Experiment"?

Infokarte:
Brot – eine heilige Gabe

M16/I

Täglich essen wir Brot: Schwarzbrot, Weißbrot, Graubrot, Bauernbrot, Kümmelbrot, Knäckebrot, Rosinenbrot, Stangenbrot.

So viel Brot!
Was ist Brot?
Was ist Brot wirklich?

Weiß einer nicht, woher das Brot kommt?
Es ist Brot der Erde: von unseren Feldern, von unserer Arbeit, für unser Leben.

Aber wer weiß schon, was Brot ist?
Weiß es der Satte, der mehr hat, als er essen kann?
Weiß es der Verwöhnte, der Brot gegen Kuchen tauscht?
Weiß es der Hungernde, der die Mülltonnen der Reichen durchsucht?
Was ist Brot wirklich?

Brot heißt alles, was Menschen zum Leben brauchen. Brot sind Vater und Mutter.
Brot sind Brüder und Schwestern. Brot sind Freunde. Brot ist Nehmen und Geben,
die Arbeit des Tages und der Schlaf der Nacht.

Brot können wir auch einander sein.
Unser Wort – Brot für jedermann.
Unser Lachen – Brot für Eltern und Lehrer, für Bekannte und Unbekannte.
Unsere Tat – Wer braucht sie brotnötig?
Sind wir wirklich Brot?

Infokarte:
Brot – die heilige Gabe.
Wie ein gläubiger Christ es versteht:

M16/II

Es gibt einen, der ganz Brot war für den Hunger der Menschen.
Sein Wort ist immer noch Brot für jeden Tag. Werktagsbrot. Schulbrot.
Er hat uns alle an seinen Tisch gerufen.
Er ist selbst das Brot,
das Leben gibt,
das Frieden stiftet,
das Fremde zu Brüdern macht.
Wer nimmt dieses Brot wirklich?

Wenn du dieses Brot isst, wenn du Jesus isst: ganz in dich aufnimmst, in dein Denken und Fühlen, dann hast du neues Leben. Wirkliches Leben.

Aktionskarte:
Das Brot – kunstvoll gelesen   M16a

– Lest euch **M16/I** mehrfach gegenseitig vor. Einigt euch, welche Worte/Sätze besonders laut, besonders leise, besonders langsam gesprochen werden sollen.

– Probiert den „Chor-Effekt": Wichtige Worte und Sätze werden von mehreren gelesen.

– Probiert den „Refrain-Effekt": Euer Lieblingssatz wird, z.B. nach jedem Abschnitt oder an Stellen, die ihr vorher markiert, wiederholt.

– Wenn ihr die Form gefunden habt, die euch am besten gefällt: merken und vorführen!

Aktionskarte:
Das Brot – kunstvoll gestaltet   M16b

– Lest **M16/I**: Wie könnte man ein Brot darstellen, dem man den großen Wert ansieht, der ihm in dem Text zugeschrieben wird? Diskutiert verschiedene Möglichkeiten und gestaltet dann gemeinsam: Das Brot des Lebens.

Aktionskarte:
Das Brot – Bild für Jesus   M16c

– Lest erst **M16/I**. Sammelt Eigenschaften dieses „Brots".

– Nun lest **M16/II**: Für Christen ist Jesus so lebenswichtig wie Brot. Sammelt Gemeinsamkeiten, die Jesus mit dem Brot verbindet.

Brot stärkt.   *Jesus macht Menschen Mut.*

Brot essen verbindet.   *Jesus will, dass alle Menschen Geschwister sind.*

...